PRIX : 60 centimes.

EMILE RICHEBOURG

SOURCILS NOIRS

PARIS

ERNEST FLAMMARION, ÉDITEUR
26, rue Racine, 26.

SOURCILS NOIRS

LE MISSEL DE LA GRAND'MÈRE

ÉMILE RICHEBOURG

SOURCILS NOIRS

LE MISSEL DE LA GRAND'MÈRE

PARIS

ERNEST FLAMMARION, ÉDITEUR

26, RUE RACINE, PRÈS L'ODÉON

SOURCILS NOIRS

I

La beauté de la femme lui est souvent
fatale. Plus elle est jolie, plus elle est envi-
ronnée de dangers, plus sont nombreux les
pièges tendus à son inexpérience ou à sa
faiblesse.

Il semblerait qu'en elle, tout fût réuni
pour causer sa perte : son charmant visage,
ses jolis yeux qui, souvent, trahissent sa
pensée ; sa bouche souriante ornée de
belles dents ; la richesse de contours que
l'on devine sous le corsage ; sa taille svelte,
flexible, en gracieuse harmonie avec de
superbes épaules et des hanches plastiques ;
son pied mignon, supportant une jambe

délicieuse, furtivement entrevue sous la jupe retroussée, les jours de mauvais temps.

Il n'est pas jusqu'à ses sourcils qui ne soient un danger pour elle.

Ces sourcils de la femme ont été peu chantés par les poètes, peu étudiés par les romanciers ; eux aussi, cependant, ont leur puissance suggestive.

Nous allons entreprendre de le démontrer.

*
* *

M. Charles Lebrun, par suite de la mort prématurée de son père, se trouva, à l'âge de vingt-sept ans, à la tête d'une importante maison de banque de Paris.

C'était un jeune homme sérieux, rangé, actif, travailleur, digne de la confiance qu'avait en lui la nombreuse clientèle de la maison fondée par son père.

Charles Lebrun avait eu un frère aîné, dont nous aurons à parler, lequel était mort quatre ans auparavant dans des circonstances assez mystérieuses. Il lui restait sa mère, qui l'adorait et dont il était la joie et l'orgueil.

Mme Lebrun ne s'était jamais beaucoup occupée des affaires de la maison de banque; mais c'était une femme douée d'une rare intelligence, pleine de bon sens, qui savait donner à son fils des conseils que le jeune homme mettait en pratique, ce dont il n'avait qu'à se féliciter.

Toutefois, il y avait un conseil de sa mère que Charles Lebrun ne se pressait pas de suivre, quoique sachant qu'il comblerait ainsi le vœu le plus cher de la veuve.

Mme Lebrun désirait vivement que son cher fils se mariât. Il allait avoir trente ans, c'était l'âge de se créer une famille.

Certes, la veuve n'avait pas à se plaindre de Charles, toujours aux petits soins auprès d'elle et qui lui témoignait la plus tendre affection ; mais il lui manquait une bru et des petits-enfants autour d'elle. Par avance, elle se faisait une joie d'être grand'mère. Elle le disait, le répétait sans cesse au jeune banquier.

— Oui, chère mère, répondait-il, je comprends bien, mais rien ne presse.

Mme Lebrun n'avouait pas à son fils que si elle avait tant de hâte de le voir marié, c'est qu'elle redoutait pour lui une de ces liaisons que le monde condamne et dont on ne peut prévoir toutes les conséquences.

Une amie de la mère du banquier, Mme Dufresne, veuve d'un entrepreneur de travaux publics, avait une fille unique âgée de vingt-deux ans. Mlle Louise Dufresne, ayant hérité de son père, avait une dot de plus d'un million, sans compter ce qui lui reviendrait plus tard du côté de sa mère; de plus, elle était jolie, gracieuse, distinguée, instruite, et possédait ces qualités du cœur et de l'esprit qui, chez une fille, valent mieux encore que la fortune. Sous tous les rapports, elle était la femme qui convenait à Charles Lebrun.

Les deux veuves étaient d'acord pour resserrer le lien d'amitié qui les unissait par le mariage de leurs enfants.

Interrogée à ce sujet par sa mère, la jeune fille avait répondu :

— M. Charles me plaît; bon fils, je crois qu'il sera aussi un excellent mari; je serais heureuse d'être sa femme.

De ce côté, tout allait au gré du désir des deux amies.

Mais le jeune banquier n'avait pas répondu à sa mère comme elle l'aurait voulu, quand elle lui avait parlé de Mlle Dufresne et du projet qu'elle et son amie avaient formé.

Il ne dit ni non, ni oui. Il se contenta de répéter cette phrase banale :

— Plus tard, chère mère ; attendons, rien ne presse.

Louise Dufresne n'était pas antipathique à Charles Lebrun, loin de là ; il la trouvait charmante, et appréciait ses belles qualités ; mais si séduisante qu'elle fût, elle n'avait pas produit en lui cette impression profonde qui fait naître l'amour.

Charles avait pour Louise une amitié sincère et douce ; ce n'était pas assez pour lui. Convaincu que le bonheur ne peut exister que dans l'union intime de deux cœurs, de deux âmes, il voulait aimer mieux, il voulait aimer d'amour.

Et quand il disait à sa mère :

— Rien ne presse, attendons...

Il aurait pu ajouter :

— Attendons que Mlle Louise m'ait inspiré l'amour qu'un mari doit avoir pour sa femme.

Le jeune homme — et c'était secrètement, car il n'osait le dire — n'avait qu'une

chose à reprocher à Mlle Dufresne : elle
était blonde. Certes, ce n'était point là une
imperfection physique, au contraire, attendu qu'une jolie femme blonde n'est pas
moins adorable qu'une jolie femme brune.
Il s'agit ici uniquement d'une question de
goût que nous n'avons pas à discuter. Mais
peut-être était-ce parce qu'elle était blonde,
que la jeune fille n'avait pas réussi à s'em-
parer du cœur du jeune banquier. Pourtant, c'étaient ses magnifiques cheveux
blonds et ses jolis yeux d'un bleu doux de
myosotis, qui donnaient à sa beauté un
cachet tout particulier.

Est-ce à dire que Charles Lebrun éprouvait de l'éloignement pour les femmes
blondes, en général, et qu'il en voulait à
Mlle Dufresne de ne pas être brune? Non.
Son goût n'était pas pour les cheveux
blonds, voilà tout. Mais pourquoi? Il n'aurait certainement pas su le dire.

Une idée !

II

Un après-midi, par un temps superbe, Charles Lebrun prit le tramway de Versailles qui longe les quais de la Seine. Il se rendait à Auteuil où il désirait consulter, au sujet d'une affaire, un ex-avoué, ancien ami de son père, lequel, ayant cédé son étude, ne refusait jamais de donner ses conseils à quelques-uns de ses anciens clients.

M. Siméon, ainsi se nommait l'avoué consultant, se tenait d'habitude dans son cabinet de deux à cinq heures.

Quand le banquier se présenta au domicile de l'avoué, on lui dit que M. Siméon était allé à Paris, mais que, probablement, il rentrerait avant cinq heures.

Il n'y avait qu'une chose à faire : attendre.

Le jeune homme sortit de la maison, alluma un cigare et n'eut que quelques pas à faire pour pénétrer dans un carré de terrain, transformé depuis peu en petite promenade plantée de quelques jeunes arbres entre lesquels étaient placés des bancs à deux sièges.

Sur un de ces bancs, une jeune femme était assise. Près d'elle, sous ses yeux, jouait un bébé de quatre à cinq ans.

C'est une gouvernante, pensa Charles Lebrun.

Il donna un nouveau coup d'œil sur la jeune femme : il éprouva une émotion singulière, et fut pris du désir d'échanger avec elle quelques paroles, se disant que ce serait le moyen de passer agréablement le temps qu'il avait à attendre.

Il s'approcha du banc, alla, vint, et laissa éteindre son cigare, en se livrant à des observations toutes à l'avantage de la jeune femme. Cependant, malgré son grand désir de causer avec elle, il n'osait lui adresser la parole. C'est qu'elle avait un air modeste, réservé et plein de dignité qui imposait le respect. Et bien que ne croyant avoir affaire qu'à une gouvernante ou une bonne d'enfant, M. Charles se sentait fort troublé.

Ce qui justifiait l'émotion et même le trouble du banquier, c'est que la jeune femme, d'ailleurs d'une beauté ravissante, avait une opulente chevelure noire et de grands beaux yeux noirs, songeurs, d'une expression indéfinissable. Il avait été subitement frappé du contraste qu'offrait cette beauté brune avec la beauté blonde de la jeune fille que sa mère voulait lui faire épouser.

La jeune femme, plutôt grande que petite, était svelte, élancée; elle portait une robe noire d'étoffe légère, très simple, mais si admirablement moulée sur le corps, qu'elle ne cachait pas aux yeux des formes sculpturales. Elle avait le teint mat, le front découvert et de magnifiques sourcils noirs qui se joignaient à la naissance du nez et ajoutaient quelque chose de piquant et d'original au caractère de sa rare beauté.

C'étaient surtout les épais sourcils noirs de la jeune et belle inconnue qui avaient attiré l'attention de Charles Lebrun.

Ils évoquaient en lui des souvenirs déjà lointains. Etant en Allemagne, où son père l'avait envoyé pour se perfectionner dans la langue allemande, il se rappelait certaines lettres que son frère lui avait écrites, une entre autres, dans laquelle il lui faisait le portrait d'une belle jeune fille brune qu'il adorait et qui était devenue sa maîtresse.

Or, dans ce portrait, rapidement tracé, Charles Lebrun se souvenait, assez vaguement toutefois, que son frère avait parlé des beaux sourcils noirs de son adorée.

Et en fouillant dans sa mémoire, le jeune banquier trouvait dans cette jeune femme qui était là, devant lui, une grande ressemblance avec la jeune fille que son frère avait aimée.

Cependant, au bout de quelques instants, las de tourner autour de la belle inconnue, il se décida à s'asseoir en face d'elle, sur un autre banc.

La jeune femme, qui n'avait pas fait attention d'abord au manège du jeune homme, finit par remarquer qu'il avait constamment les yeux sur elle.

Elle rougit et eut comme un mouvement de contrariété. Mais cela ne l'empêcha point de jeter de temps à autre un regard furtif sur le banquier. Elle était femme. Se sachant belle, elle ne pouvait vraiment se trouver offensée d'un hommage rendu à sa beauté. D'ailleurs, pourquoi se serait-elle effarouchée des regards de ce monsieur, mis avec recherche, évidemment riche, qui ne pouvait être qu'un homme bien élevé et dont la physionomie respirait la franchise et la bonté?

Afin de justifier autant que possible sa présence dans le petit square, Charles Lebrun feignait, par moments, de surveiller les avenues, voulant faire comprendre ainsi qu'il attendait quelqu'un.

Tout à coup, la jeune femme se leva pour partir. Mais l'enfant ne voulut pas la suivre et alla s'appuyer sur le banc où le banquier était assis. Elle appela, insista, gronda. Bébé pleurait, mais avait mis dans sa petite tête qu'il resterait là. Voyant qu'elle ne revenait pas près de lui et au contraire s'éloignait davantage, il fut pris d'une petite colère d'enfant gâté et cria avec des trépignements :

— Maman, maman!

— Ah! se dit Charles Lebrun, ce n'est pas sa gouvernante, c'est sa mère.

Forcée de céder au caprice de l'enfant, la

jeune femme revint et s'assit de nouveau, cette fois sur le même banc que le banquier, mais de l'autre côté.

Charles put alors la regarder et l'étudier à son aise. Elle gagnait encore à être vue de près : elle avait la peau très fine, le visage d'un dessin correct, sans le moindre défaut.

— Oui, se disait le jeune homme, elle est sérieusement jolie.

Bien qu'elle affectât de ne plus les tourner vers lui, il était sous le charme de ses beaux yeux très doux, et de ses épais sourcils noirs, qui le faisaient rêveur.

— Elle est mère et elle est mariée, pensait-il, c'est dommage !

Il exprimait un regret. Quelle pouvait en être la raison ?

Pendant qu'il se livrait à ses réflexions, le garçonnet s'était campé devant lui et le regardait avec curiosité. Enhardi par un sourire bienveillant, Bébé s'avança et, en riant, passa ses petites mains sur les genoux du jeune homme.

— Madame, dit celui-ci, se décidant à rompre le silence, malgré sa petite colère de tout à l'heure, vous avez un bien charmant enfant.

Elle ébaucha un sourire, mais ne répondit pas.

— Décidément, pensa Charles, elle est trop réservée.

Un moment après, s'étant couché sur le sol, l'enfant se roula dans la poussière.

— André, André, s'écria la jeune femme, veux-tu te relever bien vite ! Est-il permis de se salir ainsi ?

Le bambino obéit et, en se secouant, revint près du jeune homme, comme pour se placer sous sa protection. Charles lui dit :

— Vous n'allez donc pas encore à l'école, monsieur André ?

— Non, répondit l'enfant.

— On dit : Non, monsieur, rectifia la jeune femme.

Et en manière d'excuse, elle ajouta :

— Il n'a que quatre ans et demi.

— Il est grand, bien éveillé pour son âge, et il a l'air fort intelligent, fit le banquier ; il doit être un petit diable à la maison.

— Oui, monsieur, un vrai démon ; il touche à tout, bouleverse tout ; aussi suis-je obligée de sortir souvent, presque tous les jours avec lui.

— Et c'est ici que vous venez ? Il me

semble que cette petite place n'a pas l'espace suffisant pour les jeux d'un enfant, et puis elle manque d'ombrage.

— Nous venons ici rarement; nous allons au Bois de Boulogne, qui n'est qu'à deux pas.

— Comment ! le Bois de Boulogne est si près que cela ? s'écria le banquier, jouant la surprise.

— Mais oui, monsieur, à un tout petit quart d'heure, en franchissant les fortifications par la route d'Auteuil.

La glace était rompue. La jolie brune paraissait maintenant bien disposée en faveur de son interlocuteur.

Celui-ci allait continuer l'entretien et essayer d'entrer en plus sérieuses relations, lorsqu'une vieille dame vint, malencontreusement, s'asseoir sur le même banc. Il en fut vivement contrarié, et, par égard pour la jeune femme, il dut se montrer à son tour très réservé. Il espérait que la vieille dame ne resterait pas là; il fut trompé dans son attente. Pour comble de disgrâce, il vit l'avoué, qu'il n'était plus si pressé de consulter, déboucher à une centaine de pas dans l'avenue.

Il se leva.

— Voici mon ami qui arrive, dit-il à la jeune femme ; madame, j'ai bien l'honneur de vous saluer.

Et sans trop savoir comment il la retrouverait, il ajouta :

— Au revoir, madame.

Inconsciemment, sans doute, elle répondit :

— Au revoir, monsieur.

III

L'appartement de l'ancien avoué était au deuxième étage. La maison faisant l'angle, les fenêtres donnaient d'un côté sur la petite promenade et de l'autre côté sur l'avenue. Profitant de ce que l'avoué avait quelques ordres pressés à donner à son clerc, le banquier se mit à la fenêtre et observa la jeune femme, qui ne tarda pas à se lever et à sortir du square, tenant l'enfant par la main. Elle s'engageait dans l'avenue. Charles se porta rapidement à l'autre fenêtre donnant de ce côté. Pendant quelques instants, il put suivre des yeux la jeune femme, puis il la vit entrer dans une maison dont il examina suffisamment la façade pour pouvoir la reconnaître.

Mais quelles étaient donc ses intentions?

Il n'aurait pas su le dire. Par exemple, ce dont il était certain, c'est que la belle jeune femme l'avait absolument charmé et lui avait fait éprouver des sensations qui lui étaient encore inconnues.

Pendant une demi-heure, il causa de son affaire avec l'ancien avoué, puis le quitta en disant :

— Je reviendrai vous voir.

— Aussi souvent qu'il vous plaira, cher monsieur ; je suis toujours entièrement à votre service.

Charles Lebrun prit l'avenue, s'arrêta un instant devant la maison où il avait vu entrer sa belle inconnue, porta ses regards à tous les étages, comme s'il eût espéré voir apparaître la jeune femme, puis poursuivit son chemin. Au bout de l'avenue, il monta dans une victoria pour rentrer chez lui. Et pendant que la voiture se dirigeait au petit trot du cheval vers le centre de Paris, il se mit à réfléchir sur son aventure, qu'il avait été loin de chercher, mais qui devenait pour lui chose très sérieuse.

Les mêmes pensées qu'il avait eues dans le petit square lui revinrent, et il murmura :

— Elle est mariée et a un enfant ; c'est
dommage !

La sagesse lui conseillait de ne plus penser à elle, de ne plus évoquer une image
qui devenait une obsession, et d'en rester
là de son aventure. Mais il y avait quelque
chose en lui qui lui criait impérieusement :
Non, il faut que tu la revoies !

Sans pouvoir se rendre compte encore de
ce qu'il éprouvait, le jeune banquier était
pris au cœur.

Oh ! il ne lui venait pas à l'idée de séduire cette jeune femme, cette mère, de
troubler ainsi sa vie, de la briser à jamais,
peut-être, de détruire la paix de son ménage.
Mais, alors, que voulait-il ? En réalité, il ne
le savait pas. Il voulait savoir qui était
cette jeune femme, ce qu'elle faisait... ce
que faisait son mari.

C'était là une curiosité assez singulière,
mais qui, pour lui, se justifiait par l'intérêt que lui inspiraient la mère et l'enfant. Il
ne voulait pas s'avouer qu'il y avait autre
chose que cet intérêt : l'impression profonde que la belle jeune femme avait pro-
duite en son cœur.

Le soir, dans sa chambre, au lieu de se

coucher à l'heure habituelle, il ouvrit le tiroir d'un meuble où il prit un petit paquet de lettres. Ces lettres étaient celles qu'il avait reçues de son frère aîné pendant les trois années de son séjour en Allemagne.

Il les relut l'une après l'autre, et non sans une vive émotion au souvenir de son frère, car à chaque instant il s'essuyait les yeux.

Dans presque toutes ses lettres, sans l'appeler par son nom, Georges Lebrun parlait de son amie à Charles, faisant d'elle les plus grands éloges. Bien qu'elle fût sans fortune, obligée de travailler pour vivre, il la déclarait digne d'être sa femme et ne désirait rien tant que de lui donner cette preuve de son amour ; mais il y avait le père et la mère Lebrun qui n'entendaient pas de cette oreille-là. Il fallait patienter. En attendant qu'il pût faire connaître ses intentions bien arrêtées, ils étaient obligés, elle et lui, de cacher leur liaison.

Ce fut avec une attention toute particulière que Charles Lebrun relut cette lettre dans laquelle son frère Georges lui faisait le portrait de sa maîtresse.

« Elle a maintenant vingt-deux ans, » était-il écrit. Puis, venait le tracé du portrait, et l'on sentait que Georges Lebrun s'était plu à détailler les traits caractéristiques de la beauté de celle qui était l'objet de son amour, de son culte.

De nouveau et plus encore que dans le square, Charles était frappé de la ressemblance, au moins étrange, qui existait entre cette jeune fille que son frère avait aimée et la maman du petit André.

A propos des sourcils noirs, les lettres disaient :

« On prétend que les sourcils qui se joignent entre les deux yeux sont l'indice de sentiments jaloux et haineux. C'est possible. Mais, chez mon amie, ils signifient tendresse passionnée, dévouement, abnégation. Je ne dis point qu'elle ne pourrait pas devenir jalouse, puisque la jalousie vient surtout de la crainte d'être trompé par la personne que l'on possède et que l'on aime; mais il y a trop de bonté dans son cœur pour que la haine y puisse jamais entrer. »

Charles Lebrun avait achevé sa lecture ; les yeux fixés sur les lettres étalées devant lui, il restait songeur.

— Pauvre fille ! murmura-t-il, qu'est-elle devenue ? Morte, peut-être, comme mon pauvre frère ! Si elle vit encore, elle a maintenant vingt-sept ans.

Et, tristement, il répéta :

— Pauvre fille ! qu'est-elle devenue ?

Il refit le petit paquet de lettres qu'il alla replacer dans le tiroir, puis revint s'asseoir dans le fauteuil. Alors ses pensées se reportèrent sur la jeune femme du petit square d'Auteuil, et il s'étonna de ne pas s'être adressé encore cette question si naturelle : quel âge peut-elle avoir ?

— Elle n'a pas plus de dix-huit à dix-neuf ans, se dit-il.

Après réflexion :

— Mais non, c'est impossible, puisque son petit garçon a quatre ans et demi. Il n'est pas admissible qu'elle se soit mariée à quatorze ans. Elle s'est peut-être mariée à seize ans, ça, je le veux bien ; dans ce cas, elle a près de vingt et un ans. Eh bien ! elle ne paraît pas son âge et j'aurais juré qu'elle n'avait pas plus de dix-huit ans. Pourtant, pourtant... Eh ! oui, parbleu, il y a le bébé qui me prouve mon erreur.

Et Charles Lebrun, ne s'apercevant pas qu'il était près de minuit, s'absorba dans une profonde rêverie.

Le lendemain, le jeune banquier fut retenu toute la journée par les affaires de sa maison. Mais le surlendemain, après avoir travaillé toute la matinée avec ses chefs de service et déjeuné en compagnie de sa mère, il prit une voiture, disant au cocher de le conduire à Auteuil.

Délivré du souci des affaires, il n'en avait pas moins la tête pleine de pensées ; mais c'était à la belle jeune femme brune qu'il pensait et non à des opérations de banque. Il allait la revoir ; du moins, il l'espérait.

Comme l'avant-veille, le temps était beau, le trajet se fit rapidement, et le jeune homme descendit de voiture à une vingtaine de pas de la maison où demeurait sa belle inconnue.

Il consulta sa montre qui marquait une heure et demie.

— Elle doit être encore chez elle, pensat-il.

Il pouvait s'en assurer en interrogeant le concierge. C'est ce qu'il allait faire, quand une réflexion l'arrêta net. Comment parlerait-il au concierge de la jeune femme dont il ne savait pas même le nom ? Ne serait-ce pas la compromettre, en risquant fort, en même temps, d'être ridicule?

Il passa rapidement devant la maison, arriva au bout de l'avenue et jeta un long regard dans le petit square où il y avait quelques personnes sur les bancs, mais pas elle et l'enfant.

— Elle ne vient presque jamais ici, murmura-t-il, elle me l'a dit; c'est au Bois de Boulogne qu'elle a l'habitude de mener promener le petit; ce que j'ai de mieux à faire est d'aller l'attendre à l'entrée du Bois.

Il se dirigea vers la porte d'Auteuil, bien résolu à attendre là, en faisant les cent pas, pendant une heure et plus.

Sa patience ne fut pas mise à une aussi longue épreuve. Au bout de vingt minutes il vit apparaître la jeune femme, et son cœur se mit à battre très fort. Devant elle, les bras chargés d'un petit seau, d'une petite brouette, d'une petite pelle et d'un petit râteau, le garçonnet courait, commençait à prendre ses ébats.

Ne voulant pas être vu, ce qui aurait fait deviner à la jeune femme qu'il était là, l'attendant, Charles se jeta vivement derrière une broussaille.

La belle inconnue et l'enfant passèrent. Le jeune homme sortit alors de derrière le buisson et les suivit, à distance. La jeune femme s'engagea dans un sentier sous bois et, peu après, s'assit sur un banc rustique à l'ombre. Déjà le petit André, armé de sa petite pelle, commençait à fouiller le sable de l'allée.

Charles Lebrun, le sourire sur les lèvres, s'approcha de la jeune femme.

— Bonjour, madame; je suis on ne peut plus heureux de vous rencontrer.

Elle leva brusquement la tête et, rougissante, laissa échapper une exclamation de surprise.

Au même moment, ayant reconnu le monsieur, l'enfant accourut vers lui, tendant ses petits bras.

Le jeune homme se baissa, souleva le petit, l'embrassa sur les deux joues, puis le remit à terre.

Le garçonnet alla aussitôt reprendre sa pelle et se disposa à remplir de sable le petit seau et la petite brouette.

— Madame, dit Charles à la jeune femme qui occupait le milieu du banc, me permettez-vous de m'asseoir près de vous ?

— Ce banc appartient à tout le monde, monsieur, répondit-elle, en se rangeant un peu; je n'ai pas le droit de vous l'interdire.

Il s'assit.

Elle avait sorti d'un petit panier un ouvrage de broderie ; elle fit quelques points ; mais ses mains tremblaient, elle était évidemment gênée par la présence du jeune homme. Du reste, celui-ci, pas plus qu'elle, n'était à son aise. Il était ému et son cœur battait plus fort encore que tout à l'heure.

Il y eut un assez long silence. Enfin, Charles reprit la parole.

— Madame, dit-il d'une voix hésitante, au risque de commettre une grosse indiscrétion, je voudrais vous adresser une question.

— Ah !... Et de quoi s'agit-il, monsieur ?

— Vous ne paraissez pas avoir plus de dix-huit ans.

— Eh bien, monsieur ?

— A quel âge vous êtes-vous donc mariée ?

Elle ne put s'empêcher de rire, laissant voir deux magnifiques rangées de dents blanches, transparentes comme des perles fines.

— Mais, monsieur, répondit-elle, je ne suis pas mariée.

— Vous n'êtes pas mariée ! s'exclama-t-il, ne cherchant pas à cacher son étonnement, sa stupéfaction. Mais, mais, balbutia-t-il, cet enfant...

— André est mon neveu, monsieur.

Le jeune homme se sentit subitement soulagé.

La tante du petit André continua :

— Il m'appelle maman parce que je lui sers de maman.

— Mais sa mère ? interrogea Charles.

La jeune fille laissa échapper un soupir et ses yeux se voilèrent de larmes.

— Elle est morte, répondit-elle.

— Ah !

— Elle est morte quelques jours après avoir mis son enfant au monde ; c'était ma sœur.

— C'est triste. Et le père ?

— Le père ? je ne sais pas... Je ne l'ai jamais vu, je ne sais même pas son nom.

En achevant ces mots, elle soupira et courba la tête.

— Mademoiselle, dit le jeune homme vivement et très ému, je viens de réveiller

en vous, bien maladroitement, de douloureux souvenirs, pardonnez-moi!

Elle leva sur lui ses beaux yeux hu-
mides, eut un sourire doux et triste, mais
resta silencieuse.

IV

Il y eut un nouveau silence qui, en se prolongeant, devenait pénible. Il fallait le rompre.

— Mademoiselle, dit Charles, je ne veux pas vous le cacher, aucune affaire ne m'appelait aujourd'hui à Auteuil, je suis venu ici uniquement avec l'espoir de vous y rencontrer.

— Mais, monsieur... balbutia-t-elle.

— Et, continua-t-il, j'y ai été amené par le vif intérêt que vous et votre petit André m'inspirez.

Comme elle le regardait avec une sorte d'effroi :

— Oh ! mademoiselle, poursuivit-il, je vous en prie, ne me jugez pas mal; vous ne me connaissez pas, mais je vous jure que je n'ai aucune pensée inavouable, que je suis incapable de prononcer une parole qui pourrait vous offenser ou seulement vous déplaire, incapable de manquer au respect que je vous dois.

— Je vous crois, monsieur, répondit la jeune fille, rassurée par l'accent de sincérité des paroles du jeune homme et plus encore par l'expression douce et attendrie de sa physionomie.

— Maintenant, reprit Charles, j'ai une grâce à vous demander.

— Une grâce ?

— Oui, celle de me considérer comme un ami.

— C'est beaucoup demander, monsieur, fit-elle gravement.

— Non, répliqua-t-il, si vous me croyez digne de votre confiance.

— Mais...

— Ne voyez en moi qu'un ami, mademoiselle, un ami respectueux, sincère et sûr, et accordez-moi la faveur de causer avec vous comme un vieil ami.

— Qu'avez-vous donc encore à me dire, monsieur ?

— Si vous croyez à l'intérêt que je vous

porte, à la sincérité de l'amitié que je vous offre, vous ne refuserez pas de répondre à quelques questions que je désire vous adresser.

— Peut-être, monsieur, cela dépend...

— Vous avez encore votre père et votre mère ?

— Hélas ! non, monsieur, tous deux sont morts.

— Et vous vivez seule ?

— Oui, seule avec mon petit André, dont je suis devenue la mère ; il est orphelin, je suis orpheline.

— Je ne vous demanderai pas si vous avez de la fortune, au moins une petite aisance.

La jeune fille secoua la tête.

— Je suis pauvre, dit-elle, très pauvre.

— Mais comment vivez-vous ?

— Je travaille.

— Quelle est votre profession ?

— Je peins sur porcelaine, sur émail, sur ivoire et sur soie pour éventails.

— Ainsi, vous êtes artiste ?

—Oh ! une toute petite artiste, monsieur. Mon père était un véritable artiste, lui ; il travaillait pour la manufacture de Sèvres : on a eu de lui de très belles œuvres. Dès notre plus jeune âge, il nous avait appris à dessiner, à ma pauvre sœur et à moi. Ernestine, ma sœur, n'avait pas encore vingt ans qu'elle était déjà professeur de dessin dans les écoles de la ville. Son malheur, suivi de sa mort, a été pour mon père un coup terrible qui l'a mis au tombeau ; trois mois auparavant, j'avais eu le malheur de perdre ma mère. Peu après, ma sœur cessa de vivre avec mon père et moi, elle avait loué une chambre dans Paris pour être à proximité de ses écoles. Nous ignorions qu'elle fût enceinte et nous apprîmes en même temps sa mort et la naissance de son enfant. J'allai prendre le pauvre petit près du cercueil de sa mère et... je suis devenue sa maman.

— Quel âge aviez-vous donc alors ?

— Pas encore quatorze ans.

— Ah ! mademoiselle, dit le jeune homme d'une voix vibrante d'émotion, c'est bien, c'est beau ce que vous avez fait.

— C'était mon devoir, monsieur, répondit-elle en essuyant ses yeux pleins de larmes.

— Et vous vous êtes entièrement consacrée à l'enfant ?

— Oui, monsieur, entièrement.

— Il est très bien, je puis même dire richement habillé, votre petit André ; ne vous imposez-vous pas pour lui certaines privations ?

— Oh ! non, monsieur ; je suis peut-être trop coquette pour mon chéri, mais je le suis si peu pour moi... D'ailleurs, quand l'ouvrage donne, je gagne très bien ma vie.

— Avez-vous toujours de l'ouvrage ?

— Non, pas constamment ; il y a des semaines de chômage. Mais c'est prévu, et je m'arrange de façon à avoir ma petite réserve d'argent pour les jours où je n'ai pas de travail.

— Cela indique que vous êtes économe, mademoiselle, et que vous avez de l'ordre.

Elle répondit en souriant :

— Dame, il le faut bien.

— Seulement, reprit le jeune homme après un bout de silence, votre petit André va grandir ; il faudra le mettre à l'école, et chaque année, à mesure qu'il avancera en âge, vous aurez à faire pour lui de plus fortes dépenses ; n'avez-vous aucune inquiétude à ce sujet ?

La jeune fille regarda Charles fixement, comme si elle eût voulu lire au fond de sa pensée. Elle était visiblement embarrassée. Pendant quelques instants, elle parut très hésitante. Enfin, elle se décida à parler.

— Monsieur, dit-elle, vous êtes bon ; je crois à votre bienveillance et à l'intérêt que vous me témoignez, j'ai en vous une entière confiance, et bien que ne vous connaissant pas, vous verrez, dans ce que je vais vous dire, que je vous considère comme un ami.

— Merci, mademoiselle.

— Mon neveu a déjà un petit capital de quatre mille francs placé en obligations du Crédit Foncier de France.

— Quatre mille francs que vous avez économisés ? s'écria le banquier avec admiration.

— Non, fit la jeune fille en secouant la tête ; je n'aurais pu faire ces économies.

— Mais alors ?...

— Ces quatre mille francs viennent d'une rente annuelle de douze cents francs, qui est faite à mon petit André, et que je touche par trimestre.

— Ah! Et qui fait cette rente ?

— Je l'ignore, monsieur.

— Vous l'ignorez ? Voilà qui est bien singulier.

— Je pense que c'est le père...

— En effet, ce doit être lui.

— Il a été pris d'un remords, sans doute, et a trouvé le moyen de faire quelque chose pour son fils sans se faire connaître.

— Quel est le moyen qu'il a employé ?

— Oh ! bien simple. Trois mois après la mort de ma sœur et un mois après celle de mon père, je reçus une lettre d'un notaire m'invitant à me présenter à son étude pour une affaire me concernant. Je me rendis à l'invitation, et après m'avoir adressé un certain nombre de questions, le notaire me dit qu'une personne, qu'il n'avait pas à me faire connaître, constituait en faveur de l'enfant de ma sœur une rente annuelle de douze cents francs, laquelle serait touchée à son étude, tous les trois mois, par moi ou toute autre personne ayant pouvoir.

» Le notaire ajouta que la rente ne pourrait être supprimée qu'à la mort de l'enfant et que, vivrait-il jusqu'à cent ans, elle lui serait toujours régulièrement servie.

» Depuis, monsieur, j'ai touché chez le notaire, chaque trimestre, trois cents francs pour mon chéri. Dès que j'ai la somme suffisante, j'achète une obligation et je continuerai ainsi. Vous voyez que je n'ai pas beaucoup à m'inquiéter des dépenses que j'aurai à faire plus tard pour André.

— C'est très bien, mademoiselle, c'est très sage ce que vous faites.

— Mais c'est tout naturel, monsieur.

— Oui, pour vous ; ah bien, je vous le dis franchement, en toute sincérité, je vous admire.

— Ah ! monsieur.

— Oui, mademoiselle, oui, je vous admire ! répéta le jeune homme avec une chaleur qui trahissait son enthousiasme.

La jeune fille devint rouge comme une cerise et baissa les yeux sous le regard brûlant du banquier.

— Mais, reprit-il, est-il indiscret de vous demander le nom du notaire ?

— Nullement, monsieur ; il se nomme Favier et demeure rue Croix-des-Petits-Champs.

Charles Lebrun tressaillit et une lueur illumina son regard.

Disons, pour expliquer sa subite émotion, que Mᵉ Favier était le notaire de sa mère.

Avec une fixité, qui la troubla, il attacha ses yeux sur la jeune fille.

Pour la première fois, par un rapide rapprochement de dates, il eut la pensée que le petit André était le fils de son frère.

— Oh ! oh ! fit-il en portant la main à son front.

— Mon Dieu, monsieur, qu'avez-vous ? demanda la jeune fille avec inquiétude.

— Rien, mademoiselle, rien ; ne faites pas attention.

Déjà il s'était rendu maître de lui. Sa physionomie reprit son expression habituelle et le doux et bienveillant sourire reparut sur ses lèvres.

Malgré cela, la jeune fille vit bien qu'il était sous le coup d'une surprise, mais elle ne pouvait deviner si cette surprise lui était agréable ou pénible. Elle aurait bien voulu l'interroger, elle n'osa pas.

Charles Lebrun se leva, disant :

— Mademoiselle, je suis obligé de vous quitter, mais, avant, je dois me faire connaître : je me nomme Charles Lebrun et je suis banquier.

— Ah ! vous êtes banquier, fit-elle d'une voix altérée, en même temps qu'un nuage s'étendait sur son front.

Cela, le jeune homme ne le remarqua point. Il reprit :

— Ne voulez-vous pas me dire aussi votre nom, mademoiselle ?

— Je m'appelle Alice Poirson, monsieur.

— Je sais où vous demeurez, commença-t-il.

— Vous savez où je demeure ? s'écria-t-elle étonnée ; comment l'avez-vous su ?

— Avant-hier, en vous quittant, j'ai fait ma visite à la personne que j'attendais, M. Siméon, mon ancien avoué. Il demeure en face du petit square, dans la maison faisant l'angle de l'avenue. D'une des fenêtres de son cabinet, je vous vis sortir du square, tenant le petit André par la main ; je me plaçai ensuite à une autre fenêtre, donnant sur l'avenue, et je pus vous suivre des yeux jusqu'à la porte de la maison où vous êtes entrée.

Elle le regardait avec une nuance de tristesse.

— Mademoiselle, continua-t-il, veuillez m'autoriser à vous faire prochainement une visite.

— C'est impossible, répondit-elle d'un ton bref ; je ne reçois personne chez moi.

Subitement, la physionomie du jeune homme s'attrista.

— Pourtant, mademoiselle Alice, dit-il, il faut que je vous revoie.

— A quoi bon ? fit-elle.

— C'est nécessaire, mademoiselle.

— Nécessaire ? répéta-t-elle.

— Oui ; je ne puis vous dire pourquoi aujourd'hui, mais, plus tard, vous le saurez.

La jeune fille resta un moment silencieuse ; puis, secouant la tête :

— Non, non, dit-elle, je ne puis vous recevoir chez moi.

— Cela veut-il dire que je ne dois plus chercher à vous revoir ?

La jeune fille se trouvait dans un cruel embarras ; elle était oppressée, des pleurs lui venaient aux yeux. Elle répondit d'une voix affaiblie :

— Le hasard peut nous faire encore nous rencontrer.

— J'aimerais mieux que ce fût votre volonté, répliqua-t-il.

La jeune fille baissa la tête.

— Voyons, mademoiselle Alice, reprit Charles, ne me rendez pas malheureux.

Elle eut un léger tressaillement.

— Je vous le répète, continua le jeune homme, il faut absolument que je vous revoie ; tenez, c'est aujourd'hui jeudi : voulez-vous que nous nous trouvions ici, à cette place, dimanche prochain, à deux heures ?

Il demandait un rendez-vous. La prudence disait à la jeune fille de ne pas l'accorder ; mais elle le voyait si triste, si peiné... Le cœur l'emporta sur la raison et, d'une voix oppressée, elle répondit :

— Oui, monsieur.

— Ah ! merci, mademoiselle, merci ! s'écria-t-il.

Il l'enveloppa d'un regard très doux, puis appela :

— André, mon petit André ?

L'enfant laissa aussitôt son jeu et vint près du jeune homme, qui le prit dans ses bras, lui disant :

— Tu veux bien que je t'embrasse, n'est-ce pas ?

— Oui, je veux bien, et moi aussi je veux t'embrasser.

— Ainsi, mon petit André, tu comprends que tu as en moi un ami ?

— Oui, reprit l'enfant, je t'aime bien.

— Vous l'entendez, mademoiselle Alice ! s'exclama Charles tout joyeux.

La jeune fille ne répondit pas ; mais elle regardait son « chéri » d'un œil attendri.

— Oui, reprit l'enfant, je t'aime bien parce que tu es gentil et que tu causes avec ma maman.

— Tiens, dit le banquier, en l'embrassant encore, tu es adorable !

Il se redressa et, présentant sa main à la jeune fille :

— A dimanche, mademoiselle, dit-il.

Après une seconde d'hésitation, elle avança une main tremblante, que le jeune homme saisit et pressa doucement dans la sienne.

Il salua d'un mouvement de tête et s'éloigna.

La jeune fille, subissant un entraînement plus fort que sa volonté, le suivit des yeux jusqu'à l'extrémité de l'allée. Et quand il eut disparu derrière les arbres, elle laissa échapper un long soupir.

Au bout d'un instant, la tête inclinée sur sa poitrine, songeuse, elle murmura tristement :

— Il se nomme Charles Lebrun et il est banquier !

V

Maintenant, qu'il n'était plus en présence de Mlle Poirson, Charles pouvait donner un libre cours à ses pensées.

Me Favier, le notaire de sa mère, servant une pension au petit André, avait été pour lui une subite révélation. D'autres choses encore, comme l'âge de l'enfant et cette ressemblance qu'il avait constatée, disaient que la belle jeune fille aux sourcils noirs était la sœur de cette malheureuse Ernestine Poirson, qui avait été l'amie de son frère. Il y avait encore ce fait que Mlle Ernestine, évidemment pour cacher sa liaison, s'était éloignée de son père et de sa sœur, sous le prétexte de demeurer dans la ville, à proximité des leçons de dessin qu'elle avait à donner.

Cela était assez concluant. Malgré tout, cependant, le jeune banquier était perplexe. En effet, il pouvait se tromper ; il lui fallait donc d'autres preuves que des apparences, si déterminantes quelles pussent être.

C'est avec l'espoir d'avoir ces preuves le dimanche qu'il avait dit à Alice : « Il faut absolument que je vous revoie », et qu'il l'avait amenée, beaucoup malgré elle, à lui accorder le rendez-vous qu'il demandait.

Si, seulement, dans une de ses lettres, son frère avait nommé le nom de sa maîtresse ou dit simplement qu'elle donnait des leçons de dessin dans des écoles de jeunes filles de la ville, c'eût été suffisant. Mais il n'était pas dit cela dans aucune des lettres qu'il avait relues l'avant-veille.

Toutefois, bien qu'il voulût en avoir une preuve absolue, Charles Lebrun, dans son âme, était convaincu que Mlle Alice était la sœur de la jeune fille dont il était longuement parlé dans les lettres de son frère.

La pension faite à l'enfant était une réparation, sans doute ; mais Charles, animé de pensées généreuses et s'abandonnant aux impulsions de son cœur, trouvait cette réparation du mal causé très insuffisante, et, déjà, il la rêvait éclatante.

Et c'était le hasard qui l'avait conduit dans le petit square d'Auteuil où il avait rencontré Mlle Alice Poirson et l'enfant dont elle était devenue la mère !

— Non, se disait-il, sans s'expliquer encore les douces émotions qu'il éprouvait, il y a là autre chose que le hasard, il y a la Providence.

Comme nos lectrices le pensent bien, Charles Lebrun ne parla point à sa mère de la belle jeune fille et de l'enfant. Mais, le lendemain, il se rendit chez Me Favier, qui l'accueillit avec beaucoup d'affabilité.

— A quoi dois-je l'honneur et le plaisir de votre visite ? demanda le notaire, en avançant lui-même un siège.

— Un renseignement que je désire obtenir de vous, cher monsieur.

— Je suis à votre service ; de quoi s'agit-il ?

— Depuis quatre ans vous servez à un enfant, actuellement âgé de quatre ans et demi, une pension annuelle de douze cents francs, laquelle est régulièrement touchée, chaque trimestre, par la tante de l'enfant, Mlle Alice.

Le notaire resta un instant interloqué.

— Comment savez-vous cela ? interrogea-t-il.

— Oh ! cela importe peu.

— Je n'ai pas à nier ce que vous savez, cher monsieur Lebrun ; en effet, je sers la pension en question.

— Ce que j'ai intérêt à savoir, cher monsieur Favier, c'est par qui cette pension a été constituée !

— Ah !

— Eh bien, cher monsieur ?

— Je ne peux pas vous le dire.

— Pourquoi ?

— Je suis officier ministériel, je suis lié par le devoir professionnel.

— Alors, je ne dois pas insister ?

— Ce serait inutile.

— Je n'insiste donc pas, cher monsieur.

En se levant, le jeune homme reprit :

— M'est-il permis, en invoquant votre devoir professionnel, de vous prier de ne parler à personne de la visite que je vous ai faite ?

— Je serai muet, je vous le promets.

4

— Merci.

Les deux hommes se serrèrent la main et le banquier se retira.

— Il n'a pas voulu parler, se disait Charles ; je le comprends, le secret lui a été demandé. Mais son embarras, sa contrariété étaient visibles ; tout me dit, oui, tout me dit que la pension a été constituée par ma mère...

Le jour même, il aurait pu avoir une explication avec Mme Lebrun ; mais depuis deux jours elle était un peu souffrante ; il pensa que le moment serait mal choisi pour provoquer une discussion, qui serait forcément pénible.

C'est bien, il attendrait.

Le dimanche arriva. Il ne pouvait dire encore à Mlle Alice ce qu'il aurait voulu ; mais il avait un si vif désir de se retrouver avec la jeune fille, il éprouvait une si grande joie de la revoir, que pour rien au monde il n'aurait voulu manquer au rendez-vous.

Avant deux heures, il était au bois de Boulogne, dans l'allée, assis sur le banc rustique.

A chaque instant, il regardait sa montre.

Il était impatient, quelque peu fiévreux.
Enfin, il se dit :

— Elle ne peut plus beaucoup tarder à
venir.

Il était deux heures dix minutes.

Peu après, elle parut. Elle marchait lentement, la tête inclinée, comme lourde de
pensées.

L'enfant gambadait devant elle. Soudain
il s'écria joyeusement :

— Maman, voilà le monsieur, voilà le
monsieur !

Celui-ci n'eut que le temps d'ouvrir ses
bras pour recevoir le garçonnet. Ensuite,
il se dressa debout et salua la jeune fille
qui s'arrêtait devant lui.

— Bonjour, mademoiselle.

— Bonjour, monsieur.

Elle eut l'air de ne pas voir qu'il lui
tendait la main. Elle était pâle, paraissait
agitée.

— Seriez-vous souffrante ? lui demanda-
t-il avec inquiétude.

— Non, monsieur.

— Est-ce que vous ne voulez pas vous
asseoir ?

Elle s'assit sans répondre. Il prit place à

côté d'elle. Aussitôt le petit André grimpa sur ses genoux et se pendit à son cou. Il ne le repoussa point, au contraire, cette familiarité de l'enfant lui plaisait.

Pendant un long instant, elle et lui restèrent silencieux, Charles la regardant.

Le petit babillait.

Rompant le silence, le jeune homme dit :

— Mademoiselle Alice, vous êtes triste ; qu'avez-vous ? Vous aurais-je déplu ?

— Non, monsieur, répondit-elle assez froidement.

— Mais, alors, pourquoi cette tristesse, pourquoi détourner ainsi vos yeux ?

Elle le regarda, comme craintive.

— Monsieur, répondit-elle, je n'aurais pas dû venir ici, mais j'avais promis ; j'ai eu tort.

— Que dites-vous ? s'exclama-t-il.

— Je ne devais pas accepter ce rendez-vous.

— Oh ! mademoiselle, vous ne savez pas à quel point vous m'affligez.

— J'ai réfléchi, monsieur, et ai compris que je vous avais donné le droit de ne plus me juger digne de l'intérêt que vous m'aviez d'abord témoigné.

Il eut un mouvement de protestation.

Elle continua :

— Je suis une pauvre fille, monsieur, mais je suis honnête... Instruite par l'exemple de ma malheureuse sœur...

— Assez, mademoiselle, n'achevez pas ! l'interrompit-il ; ah ! je ne devine que trop votre pensée !

Il respira avec force.

— Ainsi, reprit-il, vous avez pu supposer que mes paroles étaient menteuses, que je sortirais de la respectueuse réserve que m'imposent votre jeunesse, votre honnêteté et votre dévouement à cet enfant !... Ah ! mademoiselle, moi qui croyais avoir acquis votre confiance !

Des larmes roulaient dans les yeux de la jeune fille.

— Monsieur, dit-elle d'une voix très douce, je ne vous adresse aucun reproche ; seule, je mérite d'être blâmée.

— Oh ! ne dites pas cela !

— Je suis inquiète, monsieur, je ne sais que penser... Vous ne pouvez m'empêcher d'avoir des appréhensions.

— Mais rien ne les justifie.

Elle secoua tristement la tête et reprit :

— Vous avez tenu à me revoir, il le fallait, c'était nécessaire... Pourquoi nécessaire ? Vous ne me l'avez pas dit l'autre jour, veuillez me le dire aujourd'hui...

— Je ne le puis, mademoiselle ; je dois encore me taire.

Un pli amer se dessina sur les lèvres de la jeune fille.

Après un silence, elle reprit :

— Vous m'avez dit, monsieur, et je ne l'ai pas oublié : « Je suis incapable de prononcer une parole qui pourrait vous offenser ou seulement vous déplaire ? »

— C'est vrai, je vous ai dit cela et je le dis encore.

— Je ne veux pas suspecter vos intentions, ce qui serait vous faire injure ; mais mettez-vous à ma place, monsieur, et vous comprendrez mes craintes : ma réputation d'honnête fille est le seul bien que je possède, et, sans le vouloir, vous pouvez me le faire perdre.

Il allait répondre. Elle l'empêcha, en continuant avec une certaine animation :

— Je sais ce que vous pourriez me dire, monsieur ; mais le monde est méchant et trop disposé à voir une faute grave dans la plus légère inconséquence. Eh bien, que cette entrevue soit la dernière entre nous ; dans mon intérêt, pour ma tranquillité, je vous en prie, promettez-moi de ne plus chercher à me revoir.

— Non, mademoiselle, je ne puis vous faire cette promesse.

Elle eut un mouvement brusque et, le regardant fixement :

— Mon Dieu, mais que me voulez-vous donc, monsieur ? s'écria-t-elle d'une voix tremblante.

— Vous venez de parler de votre tranquillité, mademoiselle, répondit Charles avec gravité ; eh bien, ce que je veux, c'est précisément votre tranquillité dans l'avenir, c'est votre bonheur.

— Oh ! mon bonheur, mon bonheur ! prononça-t-elle d'un ton douloureux.

La conversation fut brusquement interrompue.

Quatre dames, qui étaient descendues d'un landau afin de marcher un peu, avaient pris l'étroite allée sous bois où la jeune fille et le jeune homme étaient assis, celui-ci ayant toujours l'enfant sur ses genoux.

Deux de ces dames étaient madame Dufresne et sa fille, mademoiselle Louise, la jolie blonde aux yeux bleu myosotis. Ce fut mademoiselle Louise qui, jetant les yeux sur le groupe assis, reconnut la première Charles Lebrun. Ce que le jeune banquier faisait là, elle n'avait pas besoin de le demander, elle le voyait.

Elle pâlit, un éclair s'alluma dans son regard, et, se rapprochant vivement de madame Dufresne qu'elle saisit par le bras :

— Regardez, ma mère, dit-elle d'une voix frémissante, là, sur ce banc, regardez !

— Oh ! fit aussitôt madame Dufresne, c'est scandaleux !

— C'est honteux ! ajouta mademoiselle Louise.

Elle passa devant le jeune homme et la jeune fille, feignant de ne pas les voir, mais ayant le regard dédaigneux et un sourire de mépris sur les lèvres.

Quant à madame Dufresne, elle s'arrêta un instant, le temps de jeter les yeux sur la jeune fille, de lancer au banquier un regard foudroyant et de prononcer d'un ton ironique :

— Édifiant, on ne peut plus édifiant !

Elle rejoignit sa fille, qui lui dit :

— Eh bien, ma mère, aurait-on jamais cru cela de M. Lebrun ?

— Je n'en reviens pas, j'en suis toute tremblante. Ah ! madame Lebrun ne se doute guère... Son fils, dont elle est si fière, qu'elle porte aux nues, n'est qu'un hypocrite ; un homme sans dignité, qui n'a pas le moindre respect de lui-même... Se faire surprendre ainsi en conversation amoureuse avec... avec une pas grand'chose, c'est sûr. Et cet enfant qu'il avait sur les genoux, qu'il tenait dans ses bras... Qu'est-ce que c'est que cet enfant ?

» Celui de cette femme ou de cette fille et, qui sait ? le sien aussi, peut-être.

» En vérité, c'est trop fort, c'est à n'y pas croire ; et si je n'étais pas indignée, outrée, je rirais à me tordre de cette stupéfiante aventure.

— Allons, ma mère, calmez-vous ; après tout, que nous importe ce que fait M. Lebrun ? Il ne vaut plus la peine, maintenant, que nous nous occupions de lui.

A la vue de madame Dufresne et de sa fille, Charles Lebrun avait tressailli, puis pâli ; et quand la dame lui avait jeté avec ironie ces mots : « Édifiant, on ne peut plus édifiant », ses yeux s'étaient enflammés de colère, et s'il n'eût eu la force de se contenir, il aurait vivement apostrophé l'amie de sa mère.

Par exemple, il se souciait peu d'avoir été vu assis à côté de mademoiselle Poirson, avec le petit André sur les genoux, et que la mère et la fille eussent pensé, deviné ceci ou cela ; ce qui lui avait causé de la peine, une grande peine, c'est qu'il s'était aperçu que la jeune fille était douloureusement impressionnée.

Après le passage des dames, ils restèrent silencieux, comme absorbés chacun dans ses pensées.

Alice tenait ses yeux baissés et Charles, qui la regardait tristement, voyait les efforts qu'elle faisait pour ne pas pleurer.

Ah ! comme il aurait voulu, à ce moment, l'entourer de ses bras, la presser contre son cœur et lui crier : « Je t'aime, je t'aime ! »

Oui, mais se méprenant sur ses intentions, elle l'aurait repoussé avec indignation, avec colère et même, peut-être, avec mépris. Alors, pour se justifier, se faire pardonner son audace, il aurait fallu des explications qu'il ne pouvait encore donner, il aurait fallu lui tout dire. Et Charles Lebrun, en fils respectueux, ne voulait prendre aucun engagement sans l'assentiment de sa mère.

Ce fut la jeune fille qui se décida à rompre le silence.

— Ces dames, qui tout à l'heure sont passées devant nous, dit-elle, vous connaissent et vous les connaissez ?

— Oui, je connais deux de ces dames.

— La mère et la fille ?

— Oui.

— J'ai surpris le regard indigné, terrible, que la mère a jeté sur vous, et j'ai entendu ce qu'elle a dit. La demoiselle n'a rien dit, elle, mais elle n'a pu réprimer un vif mouvement de contrariété, de dépit, et elle a eu un sourire étrange. Elle est très jolie, cette demoiselle. Ces dames sont descendues d'une voiture qui s'est arrêtée là-bas, à l'ombre ; cela indique qu'elles ont de la fortune, une grande fortune. Du reste, on le devine aussi à l'élégance et à la richesse de leurs toilettes.

— Elles sont, en effet, fort riches.

— Voulez-vous que je vous dise, monsieur, ce que j'ai pensé?

— Dites, mademoiselle.

— Eh bien, j'ai pensé que cette belle et riche demoiselle était votre fiancée.

Le jeune homme reçut comme un coup violent au cœur et ne trouva rien à répondre.

— Je ne me suis pas trompée, n'est-ce pas? insista mademoiselle Poirson.

Le banquier ne pouvait plus garder le silence.

— La mère de cette jeune fille et la mienne sont de vieilles amies, dit-il; elles ont formé entre elles un projet de mariage.

— Alors? interrogea avidement Alice.

— Je ne partage pas les idées de ma mère.

— Pourtant, monsieur, cette demoiselle blonde est tout à fait charmante.

— Je le reconnais, seulement...

— Eh bien?

— Je ne l'aime pas d'amour.

— Vous êtes bien difficile, monsieur, permettez-moi de vous le dire; cette demoiselle est jeune, jolie, elle est riche, vous l'êtes également, vous vous convenez sous tous les rapports et vous ne vous rendez pas au désir, sans doute le plus cher, de madame votre mère... Je ne vous comprends pas, monsieur, je ne vous comprends pas.

Charles était comme étourdi par les paroles de la jeune fille. Pour se donner une contenance, il passait ses doigts dans les longs cheveux bouclés du petit André qui, s'y trouvant bien, restait sur ses genoux, jouait avec la chaîne et les breloques de la montre.

— Ainsi, mademoiselle, balbutia-t-il, vous me blâmez ?

— Non, monsieur, mais je le ferais si j'en avais le droit.

— Ah! si vous saviez...

— Je n'ai rien à savoir, répliqua-t-elle vivement. Mais voyez si j'avais raison en vous disant tout à l'heure ce que je répète à présent : vous ne devez plus chércher à me revoir. Si je n'avais pas eu l'imprudence, la faiblesse, d'accepter ce rendez-vous, on ne vous aurait pas vu avec moi; vous vous êtes fait un tort peut-être plus grand encore que je ne le suppose, et j'en suis la cause. Je craignais pour ma réputation, et c'est la vôtre qui se trouve compromise.

Elle continua avec effort, et des larmes dans la voix :

— Nous nous sommes vus aujourd'hui pour la dernière fois, monsieur, pour la dernière fois.

— Mais...

— Non, non, je vous en prie, laissez-moi parler. Je vous crois incapable d'une mauvaise action, de tendre un piège quelconque à une pauvre fille sans défense; cependant, je vous demande encore ce que vous me voulez. Je suis jeune et belle; faut-il donc que, comme ma malheureuse sœur, je maudisse ma jeunesse et ma beauté? Je ne suis pas assez niaise, monsieur, pour ne point voir que vous voudriez me faire la cour; mais pourquoi? Dans quel but? Qu'auriez-vous à espérer? Que pourriez-vous attendre? Vous êtes riche, je suis pauvre et ne suis pas de votre monde; vous ne pourriez faire de moi votre femme. Alors quoi? J'aimerais mieux mourir que m'avilir; oui, je préférerais la mort, me la donner moi-même, plutôt que de mourir de honte!...

Le jeune banquier ne cherchait plus à interrompre, il écoutait avec ravissement ; chacune des paroles de la jeune fille augmentait son admiration, et il était comme en extase.

Mlle Poirson s'était arrêtée pour respirer ; elle poursuivit :

— Je suis heureuse dans ma position, toutes mes joies sont dans mon enfant ; je vous en supplie, monsieur, au nom de votre mère et au nom de votre sœur, si vous en avez une, ne troublez pas ma tranquillité. Votre mère, monsieur, votre mère ! Ah ! vous ne savez pas comme je serais malheureuse si elle pouvait m'accuser de vous avoir détourné de vos devoirs envers elle. Votre mère désire vous marier, la jeune fille qu'elle voudrait vous voir épouser est charmante et riche, elle a tout pour vous plaire ; épousez cette jeune fille et ne pensez plus à moi.

En achevant ces mots d'une voix presque éteinte, un sanglot s'échappa de sa poitrine gonflée, et de grosses larmes jaillirent de ses yeux.

En voyant pleurer sa maman, le petit André se dégagea des bras du jeune homme, se laissa glisser à terre, et, le cœur gros, prêt à pleurer aussi, il s'écria :

— Maman, maman, pourquoi que tu pleures, dis ?

Alice le prit dans ses bras, et, le serrant fiévreusement contre sa poitrine, elle couvrit de baisers son front et ses joues.

Le banquier, en proie à une violente émotion, saisit une main de la jeune fille. Elle la retira brusquement :

— Laissez-moi, monsieur, dit-elle, je vous en prie, laissez-moi !

— Soit, mademoiselle, répondit Charles en se levant ; je dois vous obéir, je vous laisse ; mais je veux vous dire encore, avant de vous quitter, combien est grand et sincère l'intérêt que je vous porte, ainsi qu'à cet enfant ; vous ne tarderez pas à savoir ce que j'aurai fait en vue de votre avenir, et, j'ose l'espérer, en vue de votre bonheur.

Il s'inclina respectueusement devant elle, puis s'éloigna rapidement. La joie brillait dans ses yeux.

— Elle m'aime, se disait-il ; j'en suis sûr maintenant, elle m'aime !

La jeune fille n'avait pas fait un mouvement. Mais quand elle jugea que Charles était assez loin et qu'il ne pouvait plus l'entendre, elle s'écria :

— Mon Dieu, comme je souffre ! Pourquoi ai-je eu le malheur de rencontrer ce jeune homme ?

VI

Le lendemain, dans la matinée, pendant que le banquier travaillait dans son cabinet, avec le chef de comptabilité, on annonça à Mme Lebrun la visite de son amie, Mme Dufresne.

Celle-ci entra dans le salon, froide, raide, guindée.

Quoique très surprise de cette attitude et de l'air renfrogné de la visiteuse, Mme Lebrun lui dit en souriant et en lui tendant la main :

— Ma chère amie, soyez la bienvenue, asseyez-vous et dites-moi ce qui me procure le plaisir de vous voir ce matin.

— Je n'ai pas besoin de vous dire que je suis furieuse, vous le voyez.

— Vous m'effrayez ; qu'est-ce qui vous rend furieuse ?

— Une chose révoltante.

— Ah! ah!

— Savez-vous ce que faisait votre fils hier, entre deux et trois heures de l'après-midi?

Mme Lebrun regarda son amie, de plus en plus surprise.

— Voyons, ma chère, fit-elle, serait-ce de mon fils qu'il s'agit?

— Parfaitement.

La mère du banquier prit à son tour un air froid, pour se mettre au diapason de Mme Dufresne.

— Ma chère, répondit-elle gravement, je ne demande pas à mon fils de me faire connaître l'emploi des heures de sa journée, comme je le pourrais s'il n'avait que dix ou douze ans.

— Eh bien, ma chère, répliqua Mme Dufresne, votre fils vous trompe odieusement en vous faisant croire qu'il a une conduite irréprochable.

— Que dites-vous? Vous accusez Charles?

— Oui.

— De quoi? Qu'a-t-il donc fait de répréhensible?

— Je suis venue pour vous le dire.

— C'est peut-être peu généreux.

— Il faut que vous sachiez.

— Soit, je vous écoute.

— Hier, entre deux et trois heures, dans un endroit écarté du Bois de Boulogne, votre fils, assis sur un banc, tenant sur ses genoux un jeune enfant, filait le parfait amour avec une jeune femme, d'ailleurs d'une beauté remarquable, une ouvrière sans doute et, probablement, la mère de l'enfant.

Mme Lebrun était devenue très rouge.

— C'est faux, c'est une calomnie! s'exclama-t-elle.

— Non, c'est la vérité.

— Qui vous a dit cela?

— Si on était venu me le dire, je ne l'aurais pas cru; cela, ma fille et moi l'avons vu, de nos yeux vu.

— Et vous avez supposé...

— Ce qui est, la chose sautait aux yeux.

— Dans le cas de votre fils, ma chère, on ne pouvait s'y tromper : son teint animé, son regard brillant, l'enfant dans ses bras et l'émotion de la... jeune femme disaient tout. Ah ! M. Charles Lebrun était loin de s'attendre à nous voir, Louise et moi ; aussi comme il était troublé ! il a tellement pâli, que j'ai cru un instant qu'il allait se trouver mal.

Mme Lebrun ne savait plus que dire. Elle était atterrée.

— Maintenant, continua Mme Dufresne, dont le dépit perçait dans ses paroles, vous n'avez plus à vous étonner de la répugnance que votre fils éprouve à se marier ; vous avez enfin l'explication de cette réponse qu'il vous a faite maintes fois : « Rien ne presse, attendons encore. »

Il y eut un silence.

— Je crois inutile de vous dire, reprit Mme Dufresne d'un ton sec, que nous ne pouvons plus donner suite à ce projet de mariage que nous caressions.

— Alors, dit Mme Lebrun sur le même ton, c'est une rupture.

— Qui aurait lieu également, quand même les choses seraient beaucoup plus avancées.

— C'est aussi ce que veut Mlle Louise ?

— Il est des choses qu'une jeune fille comme la mienne, blessée dans sa fierté et sa dignité, ne pardonne pas.

— C'est bien, répondit simplement la mère du banquier.

Mme Dufresne se leva.

Les deux veuves se serrèrent froidement la main, et Mme Dufresne sortit du salon, avec la même raideur qu'elle y était entrée.

Mme Lebrun poussa un long soupir, essuya ses yeux, que voilaient des larmes, et s'assit tristement dans son fauteuil.

— Est-il possible que mon fils ait une maîtresse et qu'il ait pu me cacher cette liaison? murmura-t-elle; non, non, je ne puis le croire... Et pourtant...

Elle resta un instant pensive; puis avec un sourire plein d'amertume :

— Voilà, dit-elle, comment peut être détruite une amitié de quarante années.

Pendant le déjeuner, tête à tête avec son fils, Mme Lebrun ne fit pas la plus légère allusion à ce qu'elle venait d'apprendre ; mais elle était préoccupée, soucieuse, triste, ce dont le jeune homme n'avait point l'air de s'apercevoir. Mais il devinait les pensées de sa mère, sachant qu'elle avait eu la visite de Mme Dufresne. Aussi ne s'inquiétait-il pas de la tristesse de Mme Lebrun.

Il attendait, prêt à lui répondre, qu'elle l'interrogeât ; mais celle-ci ne voulait rien dire encore.

Il n'y avait pas ce jour-là, entre la mère et le fils, les doux épanchements habituels, la causerie familière ; ils échangeaient quelques brèves paroles, c'était tout. Pour la première fois, Mme Lebrun était gênée avec son fils.

— De temps à autre, elle jetait sur lui un regard à la dérobée, et s'étonnait de le voir si calme, si maître de lui et si joyeux. Rien dans l'attitude de Charles et l'expression de sa physionomie n'indiquait qu'il eût quoi que ce soit à se reprocher.

Et la mère se disait :

— Ou il possède au plus haut degré l'art de dissimuler, ou il est innocent de l'accusation portée contre lui.

Et elle se reprenait à croire que son cher fils n'avait point trahi la grande confiance qu'elle avait mise en lui.

Quand ils se levèrent de table :

— Charles, dit-elle, est-ce que tu sortiras cet après-midi ?

— Non, ma mère, j'ai à travailler toute la journée.

— Alors tu dîneras avec moi ?

— Sans doute.

— Et ta soirée ?

— Il ne m'arrive pas très souvent de vous laisser seule le soir, ma mère ; aujourd'hui je vous donnerai ma soirée tout entière.

— C'est bien.

Comme d'habitude, le jeune banquier mit un baiser sur le front de sa mère et la quitta.

Le soir, à sept heures, ils se retrouvèrent dans la salle à manger.

— Tu as beaucoup travaillé ? dit la mère.

— Oui, il y avait un assez grand nombre d'affaires à traiter.

— Il me semble que tu es fatigué.

— Mais non, vraiment, ma mère ; vous savez que j'aime le travail et qu'il m'est facile.

Ils prirent place à table.

Après le dîner qui fut, comme le déjeuner, presque silencieux, ils passèrent au salon où ils s'assirent en face l'un de l'autre, chacun dans un fauteuil.

Mme Lebrun n'attendait personne, son jour étant le jeudi ; elle allait donc pouvoir passer cette soirée seule avec son fils.

Le jeune homme avait pris un journal sur le guéridon.

— Chère mère, dit-il, voulez-vous que je vous lise quelques articles de ce journal?

— Non, merci ; je préfère causer avec toi.

— Je suis à votre disposition, ma mère.

Le banquier replia le journal et le remit sur le guéridon.

Pendant quelques instants, ils restèrent silencieux, se regardant, elle toujours triste, lui souriant.

— Charles, dit enfin Mme Lebrun, j'ai eu, ce matin, la visite de Mme Dufresne.

— Je le sais, ma mère.

— Hier, elle est allée faire une promenade au bois de Boulogne et elle t'a rencontré ; elle était en compagnie de sa fille.

— Oui, ma mère et de deux autres dames que je ne connais pas.

— Alors, ce qu'elle m'a dit est vrai ?

— J'ignore ce que vous a dit Mme Dufresne ; mais vous ne pouvez supposer qu'elle vous ait raconté une chose qui ne soit pas.

— Ah ! il avoue, mon Dieu, il avoue ! s'écria Mme Lebrun.

Comme son fils se taisait, elle reprit avec agitation :

— Ainsi, dans un endroit écarté du Bois, tu étais assis sur un banc à côté d'une jeune femme, fort jolie, paraît-il, et ayant sur tes genoux un enfant, l'enfant de cette femme, sans doute, tu causais intimement avec elle ?

— Je n'ai pas à le nier, ma mère.

— Voyons, Charles, dis-moi que c'est par hasard, d'une manière fortuite, que tu as rencontré au Bois cette jeune femme.

— En disant cela, ma mère, je mentirais ; nous nous sommes trouvés, cette jeune femme et moi, ou plutôt cette jeune fille et moi, à un rendez-vous.

— Oh ! oh ! oh !... Mais qu'est-elle donc, cette jeune fille ?

— Tout à l'heure je vous le dirai.

— Pourquoi pas tout de suite ?

— J'ai mes raisons.

— Oh ! ses raisons, ses raisons ! fit Mme Lebrun en hochant la tête. Et cet enfant, Charles, cet enfant !

— Tout à l'heure je vous parlerai aussi de lui, ma mère.

— Oh ! j'ai peur de trop deviner !

Et d'une voix haletante, anxieuse :

— Quel âge a-t-il, cet enfant ?

— Quatre ans et demi, ma mère.

— Ah ! fit-elle, comme soulagée d'un poids énorme.

— Vous voilà rassurée, ma mère ?

— Oui, oui, sur ce point. Mais, je t'en prie, mon fils, rassure-moi complètement en me disant que tu n'as pas à rougir de tes relations avec cette jeune fille.

— Mes relations avec cette jeune fille, ma mère, sont une union telle que la mort seule pourrait la briser... Et je n'en rougis pas, ma mère, je m'en glorifie !

— Mais tu es fou, malheureux ! Cette personne t'a donc enlevé jusqu'au senti-ment de ta dignité et de ton honneur?... Ah ! le voilà l'affreux malheur que je re-doutais !... Allons, parle, parle, essaye donc au moins de te justifier.

— J'attends, ma mère, les gros repro-ches que vous croyez avoir à m'adresser ; je vous écoute, ravi, avec tout le respect qu'un fils doit à sa mère ; quand vous aurez parlé, je tenterai, avec succès, je l'espère, la justification de ma conduite.

— Ta conduite est indigne, Charles, et rien ne peut te la faire pardonner. Dans mon aveugle tendresse pour toi, je te voyais supérieur à tous les autres hommes ; j'étais fière, orgueilleuse de mon fils... Ah ! comme je suis punie de ma fierté et de mon orgueil maternels ! Comptant sur ta sagesse, ta droiture et ta saine raison, j'espérais pouvoir trouver auprès de mon enfant, dans son affection pour sa mère, après les terribles épreuves que j'ai subies, sinon l'oubli complet de mes malheurs, du moins l'adoucissement de mon chagrin, la tranquillité de la v. e. Au lieu de cela, tu ravives mes anciennes douleurs et tu m'en fais connaître de nouvelles, également cruelles ; tu portes à mon cœur le dernier coup.

» Je t'avais donné toute ma confiance, Charles, et tu m'as trompée ! Ah ! c'est indigne, c'est affreux !

» Et je voulais te marier, croyant sincèrement que ton bonheur et le mien aussi étaient dans ton mariage. Ah ! folle, folle que j'étais !... Hélas ! je sais maintenant pourquoi tu m'écoutais avec une froide indifférence et restais sourd à mes prières ! Je voulais te sauver; il était trop tard ! Mon fils, mon enfant est perdu, perdu pour sa mère !

Mme Lebrun était d'une pâleur livide et toute frémissante de courroux. Elle s'arrêta un instant et reprit :

— Tu songes sans doute à donner ton nom à cette... femme déjà mère d'un enfant, un bâtard ?... Jamais, jamais je ne donnerai mon consentement à une pareille union. Tu pourras rendre ta conduite plus odieuse encore en te mariant malgré moi ; mais quand tu amèneras ici cette créature et son enfant, je n'y serai plus. Je m'en irai vivre dans la douleur et le désespoir, je ne sais où, et je ne te reverrai jamais !

Mme Lebrun cessa de parler. Elle suffoquait, les sanglots l'étouffaient.

Vivement, le jeune homme s'approcha d'elle et s'empara de ses deux mains.

Elle le repoussa avec silence.

— Ma mère, dit-il d'un ton douloureux, calmez-vous ; au nom du ciel, ma mère bien-aimée, calmez-vous !

— Non, non, laisse-moi ! s'écria-t-elle ; je ne veux plus t'entendre.

— Pourtant, ma mère chérie, il faut bien que vous m'écoutiez, si vous voulez que je me justifie.

— Te justifier, c'est impossible !

— Je vous connais si bien, ma bonne mère, que dans un instant votre colère tombera, et que votre fils vous fera verser des larmes d'attendrissement.

Le jeune homme poussa aux pieds de sa mère un tabouret sur lequel il s'agenouilla.

VII

Il y eut un silence pendant lequel Mme Lebrun se remit un peu des violentes émotions qu'elle venait d'éprouver.

— Ma mère, ma chère mère, reprit le banquier, je suis désolé que vous vous soyez mise, par ma faute, dans un état de surexcitation regrettable ; peut-être était-ce utile pour l'entretien que je vous prie de m'accorder. Cet entretien, ma mère, ne l'eussiez-vous pas provoqué, je tenais à l'avoir ce soir même avec vous.

» Avant d'entreprendre ma justification, j'ai une question, une grave question à vous adresser, ma mère.

— Qu'est-ce donc ?

— Après la mort de mon frère, mon père et vous, ma mère, m'avez rappelé d'Allemagne brusquement. Très souffrant depuis déjà quelques années, mon père avait besoin de moi. Je compris que je pouvais le soulager, lui donner la tranquillité, et je me mis de tout cœur au travail. Grâce à mon bon vouloir, aux conseils qu'il me donna, je pus, au bout d'assez peu de temps, le décharger d'une grande partie des soucis des affaires de la banque.

— C'est vrai.

— Il commençait à pouvoir se reposer entièrement sur moi lorsque, malheureusement, le terrible mal qui le minait l'emporta. Je ne pouvais avoir sa grande expérience, mais j'avais acquis à son école l'entente des affaires et une certaine habitude à les traiter ; je n'hésitai pas à lui succéder. Si lourde que fût la tâche, je ne la trouvai pas au-dessus de mes forces, et aussi bien que moi, ma mère, vous savez que la prospérité de notre maison est loin d'être en décroissance.

— Pourquoi me dire tout cela ?

— Pour vous rappeler, ma mère, que je n'ai rien négligé afin d'avoir droit à votre confiance.

Mme Lebrun ne répondit pas.

Le banquier reprit :

— Il y a quatre ans et quatre mois que mon frère est mort ; j'ai eu la douleur de ne pouvoir l'embrasser à ses derniers moments et l'accompagner à sa dernière demeure. Rien n'avait fait prévoir sa fin, et j'ignore encore à quel mal sa mort inattendue a été attribuée.

» Ma mère, voici la question que j'ai à vous adresser. Quelle a été la cause de la mort de mon frère ?

Mme Lebrun regarda son fils avec effarement.

— Pourquoi, balbutia-t-elle fort troublée, réveiller en moi ce douloureux souvenir ?

— Plus d'une fois j'ai interrogé mon père et vous-même, ma mère, au sujet de la mort de Georges ; je n'ai obtenu que des réponses évasives, dont j'ai dû, par respect, me montrer satisfait. Aujourd'hui, ma mère, j'ai la conviction que mon frère ne nous a pas été enlevé par un mal inconnu et foudroyant, mais qu'il s'est suicidé.

— Tais-toi, Charles, je t'en prie, tais-toi ! s'écria la mère éperdue.

— Vous n'osez pas me dire que je me trompe, ma mère ; ainsi, c'est bien réel, mon pauvre Georges a mis fin à ses jours !

La veuve laissa échapper un sourd gémissement.

— Hélas ! dit-elle avec accablement, le malheureux s'est tué d'un coup de revolver.

— Pourquoi s'est-il tué, ma mère ?

— Mais... mais... je ne sais pas...

— Si, ma mère, si, vous le savez.

Mme Lebrun eut un nouveau gémissement et courba la tête.

— Vous le savez, continua le jeune homme, et je le sais aussi, moi.

La mère se redressa brusquement et arrêta sur son fils un regard anxieusement interrogateur.

— Mon frère avait une maîtresse...

— Qui t'a appris cela ? interrompit vivement Mme Lebrun.

— Georges lui-même. Dans presque toutes ses lettres, que j'ai religieusement conservées, il me parlait de son amie. C'était une jeune fille d'une beauté remarquable, distinguée, instruite, bien élevée ; elle était pauvre, mais, professeur de dessin dans les écoles de filles de la ville de Paris, elle vivait honnêtement de son travail.

» Ma mère, Georges ne vous a-t-il jamais parlé, à vous et à mon père, de cette jeune fille ?

— Si, quatre mois environ avant sa mort, il nous a fait connaître sa liaison.

— Cette liaison avait déjà, alors, plus de deux années d'existence. Georges aimait cette jeune fille, dont il avait pu apprécier les précieuses qualités, et lui avait promis de l'épouser. Le jour où il s'est décidé à vous parler d'elle, c'était pour vous faire connaître ses intentions et vous demander de consentir à son mariage. Le mariage s'imposait à la loyauté, à l'honnêteté de mon frère ; il y avait là une question d'honneur. Il a prié, supplié, j'en suis sûr ; mais vous avez été inflexibles, vous n'avez rien voulu entendre.

— Charles, répliqua Mme Lebrun, ne sois pas aussi sévère pour ton père et pour moi ; Georges nous avait émus, et moi, disposée à plaider sa cause, j'aurais probablement obtenu le consentement de ton père.

— Ah ! c'est bien, ma mère, c'est bien ! s'écria le jeune homme.

— Moi, j'avais pardonné... Mais je n'eus pas le temps d'agir pour vaincre la résistance du père : la jeune fille est morte.

— Oui, elle est morte, dit tristement le banquier, peu de jours après avoir mis un enfant au monde, un petit garçon, le fils de mon frère !

— Quoi ! tu sais qu'il y a un enfant ?

— Vous le voyez, ma mère.

Mme Lebrun soupira.

— Grande fut la douleur de Georges, reprit Charles, et, ne voulant pas survivre à sa chère morte, il s'est tué !

— Hélas !

— Ma mère, que vous a-t-il dit avant de mettre à exécution son fatal projet ?

— Rien.

— Et avant de s'ôter la vie, il n'a pas écrit quelques lignes faisant connaître ses dernières volontés ?

La mère répondit en pleurant :

— Sur la table de sa chambre, j'ai trouvé un papier sur lequel il avait tracé quelques mots.

— Est-ce que vous ne vous rappelez pas ce qu'il a écrit ?

— Ah ! je ne l'ai jamais oublié !

— Dites-le-moi, ma mère ?

— Seulement ces mots : « Celle que j'ai-

mais n'est plus, je la suis dans la tombe !...
Je recommande l'enfant à ma mère. »

Charles se releva brusquement, prit entre ses mains la tête de sa mère et, pleurant, lui aussi, couvrit son front de baisers.

— Mon Dieu, mon Dieu ! fit Mme Lebrun tout étourdie, mais n'ayant plus ni le courage ni la force de repousser son fils que, tout à l'heure, elle était prête à maudire.

— Oui, va, disait le jeune homme avec une sorte d'enthousiasme, je sais quels trésors de bonté il y a dans ton cœur !... Ah ! comme tu méritais bien toute l'affection que Georges avait pour toi ! Comme tu mérites bien d'être aimée, vénérée, adorée !... Va, dans le cœur du fils qui te reste, il n'y aura jamais assez de tendresse pour une mère telle que toi.

Charles s'assit sur le tabouret, et, un bras légèrement appuyé sur les genoux de sa mère et la regardant avec une expression de tendresse infinie, il reprit :

— La mère de Georges Lebrun n'a pas abandonné l'enfant de son fils ; à l'insu de tout le monde, secrètement, elle veille sur le pauvre petit ; elle n'ose faire encore tout ce que son cœur voudrait pour l'orphelin ;

mais, se réservant de faire davantage plus tard, elle a assuré son existence en lui constituant une rente annuelle de douze cents francs.

— Charles, comment as-tu appris cela ?

— Oh! ce n'est point par Mᵉ Favier, notre notaire, que j'ai interrogé à ce sujet, et qui, invoquant le devoir professionnel, a refusé de me répondre.

— Mais alors...

— Ma mère, savez-vous quel nom on a donné à l'enfant ?

— Oui, il s'appelle André.

— L'avez-vous vu quelquefois ?

— Non, jamais.

— Je le regrette.

— Pourquoi ?

— Parce qu'il est gentil comme un amour, cet enfant, et que vous l'auriez trouvé adorable.

— Mais tu l'as donc vu, toi ?

— Oui, ma mère.

— Ah ! je devine ! s'écria Mᵐᵉ Lebrun ; Charles, Charles, cet enfant qui était sur tes genoux...

— Mais oui, ma mère, c'était le petit André.

— Et la jeune fille, c'était sa tante.

— Oui, ma mère, c'était Mlle Alice Poirson, devenue la mère adoptive du fils de mon frère.

A son tour, Mme Lebrun prit entre ses mains la tête du jeune homme et lui mit sur le front un long baiser.

— Charles, mon cher fils, dit-elle, d'une voix qui exprimait un profond regret, pardonne-moi mes violentes paroles de tout à l'heure.

— Chère mère, c'est déjà oublié.

— Ainsi, tu as su découvrir tout ce que je tenais tant à cacher... Mais comment, comment?

— C'est un récit que je vais vous faire ou, si vous aimez mieux, une charmante idylle que je vais vous raconter. Vous savez où demeure Mlle Alice Poirson?

— Sans doute.

— Tout récemment, il y aura demain huit jours, je suis allé à Auteuil afin de consulter M. Siméon au sujet d'une affaire litigieuse; il était absent, mais il ne devait pas trop tarder à rentrer. Je résolus de l'attendre et j'entrai dans un petit square qui se trouve juste en face de sa maison. Il y avait là quelques personnes, entre autres une jeune femme qui attira tout de suite mon attention et que je pris d'abord pour la bonne d'un enfant fort bien habillé, qui jouait sous ses yeux. C'était moins encore sa rare beauté que sa splendide chevelure noire, ses yeux noirs superbes et ses magnifiques sourcils, qu'on aurait dit dessinés au pinceau, qui occupaient mes regards.

» Ma mère, vous n'avez jamais vu Mlle Alice Poirson ?

— Jamais.

— Ni sa sœur Ernestine, la mère du petit André ?

— Non.

— Dans une de ses lettres, mon frère m'avait fait le portrait de sa maîtresse, et ce portrait, ma mère, je le retrouvais dans cette inconnue qui était là, assise sur un banc. C'était surtout la particularité des sourcils noirs qui me frappait.

» Je plus à l'enfant, qui s'approcha de moi assez familièrement, et, grâce à lui, je pus échanger quelques paroles insignifiantes avec celle qu'il avait appelée, « ma- « man » un instant auparavant, et que maintenant, je croyais être sa mère. Je n'avais pas encore songé à ceci : que la jeune femme ne paraissant pas avoir plus de dix-huit ou dix-neuf ans, elle ne pouvait guère être la mère d'un enfant de quatre ans et demi. Je pensai à cela plus tard et je me dis : Je me trompe certainement en lui donnant dix-huit ou dix-neuf ans, quand elle doit avoir vingt et un ou vingt-deux ans.

» Voilà, ma mère, ma première entrevue avec Mlle Alice Poirson.

» Je n'aurais pas eu la pensée de revoir cette personne, qui m'était inconnue, que, naturellement, je croyais mariée, si je n'eusse été préoccupé de la ressemblance que j'avais constaté entre elle et le portrait que la main de mon frère avait tracé.

» Le soir, avant de me coucher, je relus toutes les lettres de Georges, et si je n'eus pas encore l'idée d'un lien de parenté entre les deux personnes, l'étrange ressemblance qui existait entre elles excita vivement ma curiosité.

» Je résolus de me retrouver au moins une fois encore avec la belle inconnue ; je me sentais irrésistiblement entraîné vers elle.

» Dans les quelques paroles échangées dans le petit square, elle m'avait appris que, presque toujours, c'est au Bois de Boulogne qu'elle menait l'enfant.

» Le jeudi, vers deux heures, je me trouvais à l'entrée du bois ; je l'attendais. Je la vis venir. Je me cachai pour qu'elle ne devinât point que j'étais venu là exprès pour la voir ; et quand elle eut pénétré sous bois et se fut assise sur ce banc où nous avons été vus hier par Mme Dufresne et sa fille, elle eut la surprise à laquelle je m'attendais, lorsque je me présentai devant elle.

» Bien que je n'en aie rien oublié, je ne vous rapporterai pas entièrement notre conversation, ma mère ; ce serait trop long.

» Voulant éclaircir un premier point, celui de son âge, je lui demandai à quel âge elle s'était mariée.

» — Mais, monsieur, me répondit-elle, je ne suis pas mariée. »

» Je ne vous le cache pas, ma mère, j'éprouvai une impression pénible, c'était comme une cruelle désillusion. Mais, aussitôt, elle me dit que l'enfant était son neveu, qu'il l'appelait maman parce qu'elle lui servait de mère.

» Répondant à mes questions, elle m'apprit que sa sœur, la mère du petit André, était morte quelques jours après l'avoir mis au monde ; que la malheureuse avait été séduite et que l'enfant n'avait pas de père. C'était un orphelin et elle-même était orpheline, n'ayant plus ni père ni mère. Elle n'avait jamais vu le père de l'enfant et ignorait jusqu'à son nom.

» Vous comprenez, ma mère avec quel intérêt j'écoutais.

» Elle me dit qu'elle vivait seule avec son neveu. Et quand je lui demandai quels étaient ses moyens d'existence, elle me répondit qu'elle travaillait et gagnait bien sa vie. Comme à sa sœur, son père, un artiste, lui avait appris à dessiner et à peindre.

» Du reste, ma mère, vous n'êtes pas sans avoir pris des renseignements sur Mⁱˡᵉ Alice Poirson, et vous connaissez son existence laborieuse et son dévouement pour le pauvre petit dont elle est devenue la mère.

— Oui, Charles, je sais que cette jeune fille travaille et qu'elle est très méritante.

— Je lui fis observer que l'enfant, à mesure qu'il avancerait en âge, deviendrait plus coûteux et je lui demandai si elle n'avait pas des inquiétudes pour l'avenir.

« — Non, me répondit-elle, car je prends mes mesures en vue des dépenses que j'aurai à faire plus tard. Mon chéri a déjà un petit capital de quatre mille francs représenté par des obligations du Crédit Foncier. »

— Ah ! fit Mme Lebrun, prêtant un redoublement d'attention aux paroles de son fils.

— Comment, m'écriai-je, vous avez pu faire quatre mille francs d'économies depuis la naissance de l'enfant !

« Elle eut un doux sourire, et, après quelques instants d'hésitation, elle m'apprit qu'une personne inconnue — elle pense que c'est le père du petit André, — faisait à son neveu une pension annuelle de douze cents francs, qu'elle touchait trimestriellement chez le notaire Favier.

» Le nom de Me Favier fut pour moi une clarté subite ; déjà je ne doutais plus : Mlle Alice Poirson était la sœur de la maîtresse de mon frère, l'enfant était le fils de Georges, et la personne inconnue qui faisait la pension, c'était ma mère !

» Le mieux que je pus, je dissimulai mon émotion et me gardai bien de dire à la jeune fille ce que je venais de découvrir. D'ailleurs, je n'avais pas une certitude absolue et je voulais l'avoir.

» Mlle Poirson ajouta :

« — Dès que j'ai la somme suffisante, j'achète pour mon chéri une nouvelle obligation, et je continuerai à faire de même. »

« Eh bien, que pensez-vous de cela, ma mère ? s'écria le jeune homme ; n'est-ce pas admirable ?

— Oui, mon fils, répondit Mme Lebrun, qui avait les yeux pleins de larmes, c'est admirable et c'est touchant.

— Mais vous ne connaissez pas Mlle Poirson, la beauté de son caractère, vous ne savez pas toute la noblesse de ses sentiments, toutes les exquises délicatesses de son cœur.

La mère enveloppa son fils d'un long regard. Après un silence, celui-ci reprit :

— Avant de la quitter, je la priai de vouloir bien se trouver au bois le dimanche à la même place et à la même heure. Cela lui coûtait beaucoup d'accepter ce rendez-vous ; mais je parvins à vaincre sa résis-

tance en lui disant qu'il fallait absolument
que je la revis, que c'était nécessaire dans
son intérêt et celui de l'enfant.

» Le lendemain, je fis à Me Favier cette
inutile visite dont je vous ai parlé ; mais
j'avais réfléchi : la ressemblance des deux
sœurs, d'une part ; d'autre part, le rapprochement des dates ne laissaient plus sub-
sister le doute dans mon esprit. Toutefois,
je voulais avoir une explication avec vous ;
mais vous étiez souffrante : je ne pouvais
pas, dans ces conditions, évoquer de douloureux souvenirs.

» Le dimanche arriva, et bien que je
n'eusse rien à dire encore à Mlle Poirson,
je me rendis au Bois de Boulogne. J'étais
impatient de la revoir ; je n'avais que ce
moyen de me retrouver avec elle, car elle
m'avait formellement interdit de me présenter chez elle.

» Pendant vingt minutes environ, je l'at-
tendis. Enfin, elle arriva. Elle était pâle,
triste, préoccupée, paraissait inquiète. Le
petit André grimpa sans façon sur mes genoux, et s'y trouvant bien, sans doute, y
resta.

» Alors, ma mère, alors Mlle Poirson se

révéla entièrement à moi et je fus saisi d'une respectueuse admiration.

D'une voix assez calme, malgré son agitation intérieure, le banquier raconta ce qui s'était passé au rendez-vous, tout en faisant l'éloge de la jeune fille avec une chaleur, avec un enthousiasme qui pouvait éclairer Mme Lebrun sur la nature des sentiments de son fils. Cependant elle ne comprenait pas encore.

— Voilà, ma chère, poursuivit le jeune homme, voilà ce qu'est cette jeune fille qui, à peine âgée de quatorze ans, est devenue la mère de l'enfant de sa sœur et n'a pas été effrayée de la tâche qu'elle s'imposait. Il est toutes ses joies, cet enfant ; aujourd'hui elle lui consacre sa jeunesse et ne songe pas à autre chose qu'à lui consacrer sa vie tout entière.

» Ah ! ma mère, ma mère, ne trouvez-vous pas qu'il y a là un sacrifice sublime ?

— Mon ami, je savais déjà, par des renseignements que j'ai fait prendre secrètement, que la conduite de Mlle Poirson était admirable ; ce que tu viens de me dire de cette très intéressante jeune fille augmente encore l'intérêt que je lui porte et la place haut dans mon estime.

— C'est bien, ma mère, mais je demande plus que cela pour Mlle Poirson, et plus que ce que vous avez déjà fait pour le petit André.

— Charles, que veux-tu dire ?

— Ce que vous avez fait pour l'enfant est très bien, mais ce n'est qu'un commencement de réparation.

— Je me réserve de le mettre à même de vaincre certaines des difficultés qu'il rencontrera dans la vie.

— Ce n'est pas encore suffisant : ce que je demande, c'est une réparation complète, éclatante.

— Comment l'entends-tu ?

— Ma mère, cet enfant est le fils de mon frère, votre petit-fils ; il m'importe peu qu'il soit illégitime : il est de notre sang, il est à nous ; sa place est ici, dans notre maison, auprès de vous.

— Quoi ! voilà ce que tu voudrais ! Y penses-tu, Charles ? Mais le monde, que dirait le monde ?

— Le monde dira ce qu'il voudra ; peu nous importe ses commentaires quand, ayant agi selon notre conscience, nous aurons la satisfaction du devoir accompli ? D'ailleurs, ma mère, votre caractère et votre esprit indépendants vous mettent au-dessus de vulgaires et ridicules préjugés, et ce ne sont pas de mesquines et sottes considérations qui peuvent vous arrêter.

Mme Lebrun resta un instant silencieuse, la tête baissée. Elle n'était encore ni vaincue ni convaincue.

— Cet enfant, répondit-elle, est bien plus à Mlle Poirson, sa tante, qu'à nous ; en admettant que je cède à ton désir, je suis sûre d'avance que Mlle Poirson ne nous le donnera pas.

— Je crois en effet, chère mère, que Mlle Poirson refuserait absolument de se séparer de son petit André.

— Ah ! tu vois bien !

— Seulement, ma mère, il y a un moyen d'arranger les choses.

— Explique-toi.

— C'est bien simple : la tante et le neveu viendront tous deux ici.

Mme Lebrun sursauta et, regardant fixement son fils :

— Charles, dit-elle, je ne comprends pas.

— Comment, chère mère, vous n'avez pas déjà compris, deviné, que j'aime Mlle Poirson?

— Tu l'aimes, tu l'aimes!

— Autant que mon frère Georges aimait sa sœur Ernestine.

Le jeune homme prit les mains de sa mère, les couvrit de baisers, puis reprit:

— Vous voulez me marier, ma mère, je suis prêt, enfin, à me rendre à votre désir si vous me permettez d'épouser Mlle Alice Poirson; je n'ai plus à vous dire ce qu'est cette jeune fille; je l'ai aimée parce que je l'ai trouvée digne de vous, ma mère, et de moi; avec elle, je suis sûr d'être heureux; vous aurez une fille non moins respectueuse que votre fils qui vous aimera, vous entourera de soins; tout de suite, vous aurez deux enfants de plus à aimer; le petit André ne sera plus seulement la joie de sa tante, mais aussi la joie de sa grand'mère. Avec lui et elle, le bonheur rentrera dans notre maison.

Le jeune homme, très anxieux, cherchait à deviner la pensée de sa mère dans l'expression de sa physionomie. Mais le visage, calme, ne disait rien; seuls, les soulèvements de la poitrine trahissaient une violente émotion.

— Eh bien, chère mère? interrogea doucement le banquier.

— Ainsi, dit Mme Lebrun, d'une voix qui tremblait légèrement, tu aimes Mlle Poirson et tu veux l'épouser?

— Oui, ma mère, où vous n'aurez plus à me parler de mariage : je ne me marierai jamais.

— Tu l'aimes, Charles; mais elle, t'aime-t-elle?

— Elle ne me l'a pas dit et je ne le lui ai pas demandé, ma mère; mais j'ai pu deviner que ses sentiments répondaient aux miens.

Mme Lebrun resta un instant pensive. Des larmes coulaient le long de ses joues pâles.

— Mon fils, mon cher enfant, dit-elle d'une voix lente, assourdie par l'émotion, le souvenir de mon pauvre Georges et de celle qu'il a aimée plaide éloquemment, peut-être plus éloquemment encore que toi, en faveur de Mlle Alice Poirson; épouse-la. A cette jeune femme que tu amèneras dans notre maison, ta mère ouvrira ses bras !

Le jeune homme ne put retenir un cri de bonheur. Il entoura sa mère de ses bras, et pendant un long instant, se tenant enlacés, ils échangèrent des baisers.

— Oh! ma mère, ma bonne mère, disait Charles, comme vous allez être aimée, adorée!

VIII

Alice Poirson habitait dans la maison où elle avait eu la douleur de perdre sa mère et son père; elle n'occupait pas le même appartement, mais un modeste logement au troisième, sur la cour.

Ce logement se composait de trois pièces : une chambre à coucher, une salle à manger et une petite cuisine. Le mobilier, du noyer ciré, n'avait rien de riche, mais était tenu dans un constant état de propreté; de taches nulle part, pas un grain de poussière. Cette propreté et l'ordre qui régnait dans le logement, lui donnaient un riant aspect.

Dans la chambre à coucher, à laquelle attenait un cabinet de toilette, il y avait aussi le lit de fer du petit André. C'était dans la salle à manger, assez vaste et parfaitement éclairée, que travaillait la jeune fille.

Au moment où nous pénétrons chez elle, Alice était occupée à décorer, à la manière des porcelaines de Saxe et pour un négociant de la rue de Paradis-Poissonnière, deux vases de forme élégante.

Dans un coin de la pièce, assis sur un tapis, le petit André jouait avec des dominos, tout en tenant dans un de ses bras un polichinelle et un pierrot.

Dix heures venaient de sonner.

On frappa discrètement à la porte du logement, laquelle n'avait pas de sonnette.

La jeune fille se leva, pensant que c'était une lettre que lui montait la concierge, alla ouvrir, puis, aussitôt, se recula, comme effrayée, devant Charles Lebrun, qui pénétra dans le logement, tenant son chapeau à la main.

— Vous, monsieur, vous ici ! s'écria la jeune fille d'une voix frémissante et d'un ton de reproche ; pourtant je vous avais prié, supplié de ne plus chercher à me revoir. Mon Dieu, mais que voulez-vous donc qu'on pense de moi ?

Elle était affreusement pâle et son regard

effaré, fixé sur le jeune homme, avait une expression douloureuse.

Charles repoussa la porte, sans la fermer complètement.

— Mademoiselle Alice, commença-t-il, en faisant deux pas vers elle.

Tremblante comme la feuille, elle recula encore jusqu'au fond de la salle.

— Mademoiselle Alice, reprit Charles, ne soyez pas effrayée et cessez de me regarder avec cet air mécontent qui me désole ; vous me pardonnerez la hardiesse que j'ai prise de me présenter chez vous, quand vous en connaîtrez le motif. Ce que je ne pouvais vous apprendre encore dimanche dernier, je viens vous le dire aujourd'hui.

— Non, ne me dites rien, monsieur, je ne veux pas, je ne dois pas vous écouter ; je vous en supplie, retirez-vous !

— Malgré tout mon respect pour votre volonté, mademoiselle, je ne puis vous obéir... Ah ! je ne puis garder plus long-temps ces mots qui, de mon cœur, montent à mes lèvres. Mademoiselle Alice, je vous aime, je vous aime !

— Taisez-vous, ne dites pas cela, c'est

faux! s'écria-t-elle éperdue... Ah! mon Dieu, mon Dieu, vous voulez donc que je sois à jamais malheureuse!

Et voilant son visage de ses mains, elle se mit à pleurer à chaudes larmes.

A ce moment, le garçonnet, qui avait laissé tomber sur le tapis polichinelle et pierrot et regardait tout à tour sa tante et le jeune homme, se dressa debout et se plaça entre eux, faisant face au banquier, comme prêt à défendre sa maman.

— Mon petit André, dit Charles, viens donc m'embrasser.

— Non, répondit l'enfant, je ne veux plus t'embrasser.

— Ah! et pourquoi?

— Tu es méchant, tu fais pleurer maman Alice, je ne t'aime plus!

— Ainsi, fit le jeune homme, souriant, toi aussi, tu me tiens rigueur; mais tout à l'heure nous redeviendrons bons amis.

S'adressant à la jeune fille :

— De grâce Mlle Alice, calmez-vous et ne vous méprenez pas sur mes intentions; ah! je comprends que ma conduite peut vous paraître étrange, et que, ne croyant pas à la sincérité de l'aveu que je viens de vous faire, vous pouvez avoir des craintes; mais veuillez m'écouter et vous serez vite rassurée.

» Mlle Alice, j'avais un frère aîné qui se nommait Georges Lebrun; il aimait ardemment, passionnément une belle jeune fille à laquelle il avait le désir de donner son nom. Dans les lettres qu'il m'écrivait, — j'étais alors en Allemagne, — mon frère, sans cependant me dire ni son nom ni ce qu'elle faisait, me parlait constamment de cette jeune fille, dont il me traçait le portrait physique et se plaisait à me vanter les qualités du cœur et de l'esprit.

» Jugez de ma surprise, mademoiselle, lorsque, vous rencontrant la première fois dans le petit square, je remarquai la ressemblance frappante qui existait entre vous et la personne dont mon frère Georges m'avait parlé.

— Oh ! fit la jeune fille.

— Le soir même, continua Charles, je relus les lettres de mon frère et je constatai de nouveau que vos traits, vos magnifiques cheveux noirs, votre regard doux et mélancolique, et jusqu'à vos sourcils étaient ceux de l'amie de Georges Lebrun.

» Ceci suffirait à expliquer le vif désir que j'avais de me retrouver avec vous; mais il y avait en plus l'impression aussi profonde que subite que vous aviez faite en mon cœur.

» Je vous revis et vous avez bien voulu répondre à un certain nombre de questions que je me permis de vous adresser. Il ne m'était pas encore venu à l'idée que vous pouviez être la sœur de celle à laquelle vous ressemblez d'une manière si frappante. Mais vous m'avez parlé de votre sœur Ernestine, de cet enfant et des circonstances dans lesquelles, toute jeune encore, vous êtes devenue sa mère adoptive. Puis vous ne m'avez point caché qu'une pension était faite au petit André et que vous en touchiez les trimestres chez le notaire Favier. Ah! mademoiselle Alice, comme vous avez été bien inspirée en m'apprenant cela!

La jeune fille ne pleurait plus ; mais bien qu'elle fût encore toute tremblante et qu'elle eût la poitrine fortement oppressée, elle écoutait maintenant le banquier, comme suspendue à ses lèvres.

— Le nom du notaire, poursuivit Charles,

fut pour moi un trait de lumière. Déjà, je
ne pouvais plus douter que votre sœur, la
pauvre morte, ne fût cette jeune fille que
mon frère avait tant aimée. Mais, avant de
vous rien dire, je tenais à avoir à ce sujet
une explication avec ma mère. Voilà pourquoi je vous ai priée de m'accorder ce rendez-vous d'avant-hier, vous disant que,
dans l'intérêt du petit André et le vôtre, il
était absolument nécessaire que je vous
revoie. Vous êtes venue au rendez-vous et
je n'ai pas à vous rappeler ce qui s'est passé
entre nous. Croyez-le, Mlle Alice, quand
vous avez parlé de votre tranquillité que
je pouvais troubler, me suppliant de ne
plus chercher à vous revoir, j'ai dû imposer
silence à mon cœur, lui faire violence pour
ne pas vous crier : Mais je vous aime!

» J'étais forcé de me taire encore, n'ayant
pu avoir avec ma mère cette explication à
laquelle j'attachais une grande importance,
autant pour les choses que je voulais savoir
que dans l'intérêt de l'amour que vous avez
fait naître en mon cœur.

La jeune fille laissa échapper un profond
soupir.

— Oh! monsieur, monsieur, dit-elle d'une

voix brisée, pourquoi parlez-vous ainsi à une pauvre fille ?

— Attendez, chère Alice, attendez ! Hier soir, j'ai eu enfin avec mon excellente mère l'explication désirée. Elle m'apprit, ce dont je me doutais un peu, d'ailleurs, que, deux mois environ après la mort de celle qu'il aimait, mon pauvre frère, accablé de chagrin, s'était, dans un moment d'égarement et de désespoir, tué d'un coup de revolver.

— Oh ! mon Dieu, mon Dieu ! gémit la jeune fille.

— Sur la table de la chambre de mon frère, ma mère trouva un papier sur lequel le malheureux avait écrit :

« Celle que j'aimais n'est plus, je la suis dans la tombe ! Je recommande l'enfant à ma mère. ».

De nouveau, la jeune fille se remit à pleurer. Elle sanglotait.

Le petit André, à moitié caché dans sa jupe et se serrant contre ses jambes, pleurait aussi et criait :

— Maman, maman, ne pleure plus !

Très ému, le jeune banquier reprit :

— Vous avez compris, Mademoiselle Alice, que c'est ma mère, la mère de Georges

Lebrun, qui fait une pension à l'enfant de son fils.

— Oui, oui, répondit-elle entre deux sanglots.

— Ma mère n'a jamais vu ni le petit André ni vous ; mais, parfaitement renseignée, elle n'ignore pas votre tendresse pour l'enfant de votre sœur et le dévouement avec lequel vous l'élevez ; elle sait aussi que vous êtes très estimée et digne de l'admiration de tous.

— Oh ! monsieur !

— Sans doute, ce que ma mère fait pour l'enfant est une réparation envers votre malheureuse sœur ; mais je ne la trouve pas suffisante, moi, et je le lui ai dit.

— Mais, monsieur, que peut faire de plus Mme Lebrun ?

— L'enfant de Georges Lebrun, le petit-fils de ma mère, doit avoir sa place dans notre maison.

— Que dites-vous ? s'exclama la jeune fille, regardant le banquier avec ahurissement.

— Oh ! je ne songe pas à vous séparer de votre cher petit André. J'ai dit à ma mère que je vous aimais, que je désirais vous épouser et elle est prête, à vous appeler sa fille ; mais ce n'est pas assez, mademoiselle Alice, il faut encore que vous consentiez à être la femme de Charles Lebrun.

Alice n'en pouvait croire ses oreilles ; une rougeur subite envahit son beau visage tout à l'heure si pâle, et elle était si troublée qu'elle ne pouvait prononcer une parole.

A ce moment, la porte fut doucement ouverte et une femme, vêtue de noir, apparut sur le seuil.

Charles, tournant le dos à la porte, ne pouvait voir la personne ; mais sur elle s'étaient fixés les yeux de la jeune fille.

— Cette dame, monsieur, dit-elle, quelle est cette dame ?

Le banquier se retourna vivement et eut un mouvement de surprise ; puis, en s'écartant un peu, il répondit :

— Cette dame, mademoiselle Alice, c'est ma mère !

La jeune fille sortit de son immobilité, avança de quelques pas et s'inclina respectueusement devant Mme Lebrun.

— Mademoiselle Poirson, dit la mère

du banquier d'une voix vibrante d'émotion, venez dans mes bras, venez, mon enfant, venez que je vous embrasse !

Alice se jeta dans les bras de la veuve et, en pleurant, murmura :

— Oh ! madame, madame, que vous êtes bonne !

Après cet instant d'effusion :

— Je suis venue ici sachant y trouver mon fils, dit Mme Lebrun. Avant d'ouvrir la porte, j'ai entendu ses dernières paroles auxquelles vous n'avez pas répondu. Charles vous disait : « Ma mère est prête à vous appeler sa fille ; mais ce n'est pas assez, il faut encore que vous consentiez à être la femme de Charles Lebrun. » Eh bien, mon enfant, voulez-vous, en épousant mon fils, devenir ma fille ?

— Mais c'est donc vrai, mon Dieu, c'est donc vrai ? s'écria la jeune fille.

Et, se jetant au cou de Mme Lebrun, elle prononça d'une voix tremblante et avec un doux rayonnement dans le regard :

— Je l'aime, je l'aime !

— Ah ! s'écria Charles avec transport, vous avez entendu, ma mère ? Je ne vous avais pas trompée : elle m'aime !

Il s'empara des mains de la jeune fille, les porta à ses lèvres, et reprit :

— Alice, chère Alice, vous serez heureuse, je vous le promets ; mais votre bonheur, nous le devons, ma mère et moi, à la mémoire de votre sœur et de mon frère !

Mme Lebrun avait aperçu le petit André, qui s'était réfugié, comme peureux, dans un coin de la salle à manger. Elle s'élança vers lui, le prit dans ses bras, s'assit sur une chaise et, toute frémissante, le tint serré contre son cœur.

Et en le couvrant de baisers, elle lui disait, avec un accent de tendresse indicible :

— Tu ne le sais pas encore, cher petit, mais je suis aussi ta maman, moi, ta grand'-maman !... Va, tu seras aimé, adoré, et si tu apprends un jour que tu es né dans le malheur, nous saurons te le faire oublier. Ah ! laisse-moi, laisse-moi t'embrasser encore et pleurer ceux qui ne sont plus !

Le jeune homme et la jeune fille s'étaient approchés.

— Mon chéri, dit Alice, veux-tu, maintenant, faire la paix avec le monsieur?

— Oui, je veux bien.

— Alors, tu vas l'embrasser ?

L'enfant tendit ses petits bras au banquier.

— Je veux bien t'embrasser, fit-il, seulement, je vas te dire...

— Eh bien, dis, mon petit André ?

— Tu ne feras plus pleurer maman Alice...

— Oh ! le chérubin ! s'exclama Mme Lebrun, quel bon petit cœur il a !

Se tournant vers la jeune fille, elle ajouta :

— Je vous laisse mon petit-fils jusqu'au jour où vous serez devenue ma fille ; en attendant, pour donner satisfaction à mon cœur, je viendrai le voir souvent.

LE

MISSEL DE LA GRAND'MÈRE

LE
MISSEL DE LA GRAND'MÈRE

I

On était au commencement du mois de janvier 1872. Minuit venait de sonner. Dans un logement sombre et humide de la rue de Grenelle-Saint-Germain, au rez-de-chaussée, une jeune fille de dix-sept à dix-huit ans travaillait à la lumière pâle d'une petite lampe. Un feu de coke s'éteignait dans la cheminée.

Au dehors, on entendait les sifflements du vent qui se cognait aux angles des murs, le bruit de la neige, chassée par la rafale, fouettant les vitres de la fenêtre, de temps à autre, le roulement sourd d'une voiture sur le pavé des rues ; de grandes dames, sans doute, revenant d'une soirée ou se rendant tardivement à une fête mondaine. Pour celles-ci comme pour tous les autres favoris de la fortune, les longues nuits d'hiver sont consacrées au plaisir ; pour les pauvres, pour tous ceux qui travaillent, la nuit est le moment du repos nécessaire.

Le Paris travailleur et laborieux dormait, et la jeune fille travaillait encore, sans s'apercevoir que son feu était éteint, que ses yeux se fatiguaient et qu'elle n'était guère chaudement vêtue.

Tout en tirant son aiguille avec une agilité fébrile, elle jetait à chaque instant un regard plein de tendresse sur un lit où reposait une femme. Jeune encore, cette femme, la mère, avait dû et devait encore beaucoup souffrir ; on le voyait à l'agitation de son demi-sommeil.

Son visage fatigué, amaigri, encadré de cheveux noirs qui en faisaient ressortir la pâleur, était aussi blanc que l'oreiller sur lequel reposait sa tête. Depuis près d'un mois, une fièvre violente la retenait sur son lit.

Et pour que sa mère malade ne manquât
de rien, la jeune fille s'imposait un travail
de dix-huit heures par jour. La tâche était
rude, et encore ne gagnait-elle pas beaucoup : le plus souvent cinquante sous, rarement trois francs. Elle faisait de la broderie, de ces ouvrages merveilleux qu'on
croirait sortis de la main d'une fée, et qui
sont, avec les dentelles, indispensables à la
toilette d'une princesse ou d'une reine de la
mode. C'étaient de véritables chefs-d'œuvre
d'art à l'aiguille ; malheureusement, les
chefs-d'œuvre, n'importe dans quel genre,
sont bien rarement payés ce qu'ils valent.
On exigeait la perfection du travail et on
ne le payait pas plus cher pour cela.

Avant d'être achetée par une grande
dame, une pièce de broderie passe souvent par bien des mains, et il faut que tout
le monde gagne.

La pauvre enfant arrivait, — comme on
dit, — à joindre les deux bouts, mais à force
de privations pour elle-même. Elle payait le
médecin, les remèdes du pharmacien, et
pouvait acheter, deux fois par semaine, un
morceau de bœuf pour faire du bouillon
gras à sa chère malade. Pour elle rien...

le plus souvent elle se contentait d'un morceau de pain. Elle portait la même robe
que l'année précédente et, depuis six mois,
les mêmes bottines. Elle lavait et repassait
le linge du ménage. Avec peu de chose elle
s'était fait un chapeau pour aller chercher
et reporter son ouvrage; ces jours-là, afin
de se garantir du froid, et aussi pour cacher les nombreuses reprises faites à sa
robe, elle s'enveloppait dans un long châle
noir.

Mais si elle était pauvrement vêtue, son
air distingué et son maintien modeste et
plein de dignité savaient commander le
respect. D'ailleurs elle était belle à ravir,
et la beauté, même chez les plus humbles,
a toujours son prestige.

A sa beauté rayonnante se joignait le
charme infini d'un sourire enchanteur,
d'un regard qui semblait toujours interroger, et d'une voix douce un peu timide,
mais pleine de notes harmonieuses. Sa
taille svelte, élancée, un peu au-dessus de
la moyenne, accusait des formes parfaites
sous ses misérables vêtements. Ses bras
ronds, blancs comme de l'albâtre, étaient
terminés par des mains mignonnes, pote-

lées, aux doigts effilés, ornés de jolis on-
gles roses, de véritables doigts de fée. Les
piqûres d'aiguille, qui se montraient sur
quelques-uns et trahissaient l'ouvrière,
semblaient les embellir encore.

Quoique fatigué, son gracieux visage con-
servait sa fraîcheur, et sous le velouté des
joues fleurissaient toutes les roses de la
jeunesse. Ses dents, du plus bel émail,
étaient petites et bien rangées ; ses lèvres
avaient emprunté à la nature son plus pur
carmin ; son nez droit, légèrement allongé,
était celui d'une patricienne. Enfin son
front large, uni, délicatement bombé, se
couronnait de magnifiques cheveux noirs
comme ceux de sa mère, sous lesquels s'at-
tachaient des oreilles fines, rosées, d'un
modèle parfait, qui se cachaient le plus
souvent sous les brides de son chapeau ou
de son bonnet de linge.

Une heure sonna. Comme nous l'avons
dit, le feu s'était éteint. Le froid pénétrait
dans la chambre ; il saisit la jeune fille et
elle eut un frisson. Elle posa son ouvrage
sur la petite table près de laquelle elle travaillait, se leva et s'approcha du lit pour
rajuster les couvertures et étendre sur la

malade les vêtements qui remplaçaient l'édredon absent.

Celle-ci ouvrit les yeux.

— Adrienne, quelle heure est-il? demanda-t-elle d'une voix faible.

— Une heure, chère mère.

— Et tu travailles encore! je t'avais pourtant défendu de travailler après onze heures du soir; tu profites de mon sommeil pour me désobéir... Adrienne, c'est mal!

— Mère chérie, ne gronde pas ta fille; je t'assure que je ne suis pas fatiguée.

— Regarde, tu n'as pas même de feu!

— Il vient seulement de s'éteindre.

— Tu as froid, j'en suis sûre.

Elle lui prit les mains.

— Oh! tes mains sont glacées! reprit-elle.

— Mais non, je n'ai pas froid du tout.

— Adrienne, je te défends encore une fois de travailler si tard... Tu veux donc aussi te rendre malade!

— Je ne peux pourtant pas te laisser mourir faute de soins, répondit la jeune fille avec des larmes dans la voix.

— Mais depuis trois jours je vais mieux, beaucoup mieux.

— Oui, le médecin nous fait espérer;

mais ce sera long et il faut que tu sois bien nourrie.

— Tant de peine pour toi, si jeune... ma pauvre enfant !

— Je suis forte, va, chère mère.

— Et courageuse et vaillante, c'est vrai. Mais je pense à cette vie de travail, de privations, de misère que tu t'imposes, je souffre cruellement, et plus encore quand je songe au passé, à ce que tu devrais être...

— Ne parlons jamais de cela ; près de toi, quand tu seras guérie, je serai heureuse, je retrouverai toute ma gaieté. La fortune est peu de chose si on la compare au bonheur d'avoir sa mère.

— C'est l'ange de l'abnégation, murmura la malade.

Puis plus haut :

— Voici le jour du terme qui approche, comment ferons-nous ?

Le visage de la jeune fille s'assombrit subitement.

— Nous avons toujours payé régulièrement, reprit la mère. Le gérant de la maison prendra cela en considération et nous accordera du temps.

— Je l'espère.

Il faudra prévenir le concierge.

Adrienne n'osa pas dire à sa mère que le matin même le concierge l'avait avertie que si elle ne pouvait payer le huit, elle recevrait congé.

— Il vaudrait peut-être mieux payer le huit, hasarda-t-elle.

— Sans doute, mais nous sommes sans argent. Mes bijoux, les tiens, ma pauvre enfant, sont engagés ; on ne t'offrirait pas dix francs de ce qui nous reste ici.

— Tu m'as souvent parlé de M. Pierrard, riche armateur au Havre, dont les parents étaient liés d'amitié avec ma grand'mère, qui leur a rendu à une époque un important service. Le fils n'a peut-être pas oublié.

— Il y a si longtemps de cela !

— Qu'importe ! sous ta dictée, je pourrais lui écrire une petite lettre ; et puisqu'il est si riche, cela ne le gênerait pas beaucoup de nous prêter une petite somme.

— Je ne connais pas M. Pierrard et c'est pour cela que je n'ai jamais osé m'adresser à lui dans les jours de grande détresse. Sa mère était, en effet, l'amie intime de la mienne, et j'ai comme un vague souvenir d'une somme prêtée à un moment où M. Pierrard, le père de celui-ci, se trouvait à la veille d'une faillite qui devait entraîner sa ruine. Mais le fils a-t-il eu seulement connaissance de ce fait ?

— Nous pouvons le lui rappeler, chère mère ; d'ailleurs, il vaut mieux souvent s'adresser à des étrangers qu'à des parents. Nous avons écrit à ta sœur, ma tante, qui est riche aussi, qui habite à Paris..., elle ne nous a pas répondu.

— Hélas ! nous ne sommes pas nées de la même mère ; je ne l'ai vue qu'une seule fois et je suis pour elle une étrangère. Je me suis adressée à elle, je n'aurais pas dû le faire ; c'était une faiblesse dont je suis punie. Tu as raison, il est quelquefois préférable et plus digne d'implorer la pitié des étrangers. Puisque tu le désires, demain nous écrirons à M. Pierrard. Mais nous nous oublions à causer et tu as besoin de repos. Va dormir, mon enfant.

— As-tu besoin de quelque chose ?

— Un peu de tisane, si tu veux ; j'ai la bouche sèche,

— J'ai eu soin d'entourer la bouillotte de cendres chaudes, elle est encore tiède.

Elle présenta une tasse de tisane à sa mère, elle arrangea l'oreiller sous sa tête, l'embrassa sur les deux joues et se retira dans le petit cabinet qui lui servait de chambre à coucher.

II.

La grand'mère, dont il venait d'être question, avait eu une de ces existences tour-
mentées, sans bonheur et sans joie,
malheureusement trop communes de nos
jours.

Il ne se passe pas de jour, en effet, sans
que nos tribunaux civils ne soient saisis de
quelqu'un de ces drames douloureux, qui
mettent à nu les plaies de la famille, et dont
le dénoûment forcé, fatal, est la séparation
de corps.

Deux êtres pleins de jeunesse et d'espé-
rance s'étaient unis ; ils devaient marcher
dans la vie en se tenant par la main, souriant l'un à l'autre ; ils devaient s'aider,
s'encourager, se soutenir, s'aimer ; eh bien
non, un jour ils cessent de s'entendre,

entre eux se creuse un abîme ! c'est la faute de l'un, souvent de tous les deux. Un jugement intervient, et les doux liens qu'une loi avait noués, une autre loi les brise. Et les voilà devenus indifférents, ennemis même, ou ils ne se connaissent plus : ils sont étrangers l'un pour l'autre !

La séparation de corps est un des plus grands malheurs qui puissent frapper la famille. Ce n'est pas le divorce, c'est peut-être pire.

La grand'mère d'Adrienne avait apporté en se mariant une dot de soixante mille francs à son mari, M. Mazurier. En ce temps-là, le commerce ou l'industrie ne faisait pas aussi facilement qu'aujourd'hui des millionnaires, et une dot semblable était considérée comme très importante. De petit commissionnaire en soieries qu'il était, M. Mazurier devint bientôt un gros négociant. Il occupait une centaine de commis et d'employés des deux sexes.

Un an après son mariage, Mme Mazurier mit au monde un enfant, une fille que l'on appela Claire. Cette enfant devait être une nouvelle attache pour les époux, une augmentation de bonheur.

Malheureusement, M. Mazurier, qui n'avait probablement épousé sa femme que pour avoir sa dot, se laissa séduire par les beaux yeux d'une des demoiselles employées dans sa maison.

Le jour où Mme Mazurier apprit ce qui se passait, sa fierté se révolta, elle s'indigna et pleura. Il y eut entre elle et son mari une explication ; des paroles très vives et même très violentes furent échangées. Elle exigeait le renvoi immédiat de la demoiselle, ce à quoi le mari ne voulut point consentir. C'était en quelque sorte ajouter le mépris à l'outrage. M. Mazurier méconnaissait tous ses devoirs et les foulait sous ses pieds.

— Alors, dit-elle, c'est moi qui quitterai votre maison.

— Cela m'est égal, répondit-il froidement.

Le soir même, Mme Mazurier s'installait avec sa fille dans une chambre d'hôtel. Sa petite Claire avait alors cinq ans.

Elle intenta un procès à son mari et, quelques mois plus tard, la séparation de corps fut prononcée. Par un sentiment de dignité contre lequel son avoué lutta vainement, elle ne voulut absolument réclamer que sa dot, qui lui fut rendue.

Pour tâcher d'oublier, elle se consacra entièrement à l'éducation de sa fille. Elle voulut vivre pour elle, et malgré le cruel accident de sa vie, elle put trouver encore quelques jours de joie.

A dix-huit ans, Claire Mazurier épousa un jeune avocat sans fortune qui, peu de temps après, fut nommé substitut dans une petite ville de province.

M. Mazurier avait donné son consentement au mariage sans faire aucune observation, mais on ne le vit ni à la mairie, ni à l'église.

Bien qu'il eût acquis une fortune considérable, il ne songea point, en cette circonstance, qu'il devait au moins une dot à sa fille. Pour entrer en ménage, Claire n'eut que son trousseau et dix mille francs que lui donna sa mère.

Le cœur de M. Mazurier s'était complètement fermé pour sa femme et son enfant. Cet homme s'était laissé dominer par une femme audacieuse et cupide; une passion coupable en avait fait un esclave.

Deux ans après le mariage de sa fille, en

1854, l'année même de la naissance d'Adrienne, Mme Mazurier mourut subitement d'une attaque de choléra.

Il y avait à peine trois mois que le mari de Claire, M. Duverger, avait été envoyé en Algérie, à Constantine, toujours comme substitut. Ce fut lui qui vint à Paris pour recueillir l'héritage de sa belle-mère. Chose étrange, inexplicable, il ne trouva presque rien : quatre mille francs dans le tiroir d'un secrétaire.

Cependant, Mme Mazurier, qui vivait dans une retraite presque absolue, ne recevait presque personne et dépensait à peine, au dire de ceux qui la connaissaient, deux mille francs par an. Il était impossible qu'elle eût dépensé la somme qui lui avait été rendue par son mari au moment de la séparation. Elle avait donné dix mille francs à sa fille en la mariant, mais il devait lui rester cinquante mille francs. On ne trouva dans ses papiers ni valeurs industrielles, ni titres de rente, ni obligations, ni reçu d'aucune espèce. Les cinquante mille francs avaient existé pourtant ; qu'étaient-ils devenus?...

Claire avait entendu dire à sa mère

qu'elle avait fait un placement avantageux de son petit capital; elle ne savait rien de plus.

Fallait-il supposer que Mme Mazurier possédait des titres et que ceux-ci avaient été volés au moment de sa mort? La chose était possible, mais rien ne pouvait permettre de l'affirmer.

M. Duverger fit vendre le mobilier et tout ce qui avait appartenu à sa belle-mère, à l'exception du linge et d'un vieux livre de messe à garniture d'argent, qu'il trouva dans son étui, sur le rayon d'une armoire. Ses affaires terminées, il s'empressa de rejoindre sa femme et son enfant qu'il avait laissées à Constantine pour leur éviter la fatigue d'un long voyage.

Pendant ce temps, M. Mazurier épousait sa concubine, afin de légitimer une fille qu'il avait eue d'elle dix-huit mois environ après la naissance de Claire, et de lever les obstacles qui pouvaient s'opposer à son établissement, car un brillant mariage était proposé à la nouvelle demoiselle Mazurier.

A cette occasion, le négociant sortit deux cent mille francs de sa caisse, et sa seconde fille put épouser M. Caillet, banquier, qui déjà à cette époque, passait pour être millionnaire.

Peu de temps après, M. Mazurier se retira complètement des affaires. Il eut bien soin, suivant les conseils de sa femme, de placer toute sa fortune en valeurs mobilières ; cela devait rendre plus facile une captation. Du reste, par des agissements d'une honnêteté fort douteuse, Mme Mazurier et le banquier Caillet s'arrangèrent si bien que, le jour où le père de Claire mourut, il ne possédait plus rien.

On avait ravi à Mme Duverger l'affection de son père, on avait occupé la place qui lui appartenait dans sa maison, on complétait ces infamies en lui prenant audacieusement la part d'héritage à laquelle elle avait droit.

Certes, ce dernier acte, non moins odieux que les précédents, donnait matière à un procès. Il eût été facile, peut-être, de prouver que M. Mazurier avait été frauduleusement dépossédé par son gendre et sa seconde femme ; mais Mme Duverger était devenue veuve ; elle ne connaissait rien aux affaires ; elle crut, comme on le lui avait dit, que son père s'était ruiné en faisant de fausses spéculations. Et puis, pour plaider, il faut de l'argent, beaucoup d'argent, elle n'en avait pas. Elle était revenue à Paris avec sa petite Adrienne, s'y était installée très modestement et elle travaillait pour vivre. Il lui restait bien quelques milliers de francs sur sa dot, mais elle crut devoir les employer à l'éducation et à l'instruction de sa fille. Adrienne reçut, en effet, une très belle instruction ; elle sortit du couvent à l'âge de quinze ans, parce que sa mère ne pouvait plus payer les mois de sa pension.

Alors la jeune fille comprit ce que sa mère avait fait pour elle, ce qu'elle devait à son dévoûment ; elle devina les privations qu'elle s'était imposées pour l'élever, et la reconnaissance dont elle se sentit pénétrée l'arma d'un courage invincible contre l'adversité. Elle ne se plaignit point ; elle était trop jeune encore pour s'effrayer de l'avenir.

On lui avait appris à se servir de l'aiguille ; sa mère travaillait, elle voulut travailler aussi ; elle devint brodeuse. C'est ainsi qu'elles vécurent tant bien que mal, jusqu'au jour où la maladie de Mme Duverger vint aggraver la situation.

Adrienne comprit que l'heure était venue de se dévouer à son tour. Elle regarda le malheur en face et se crut assez forte pour lutter seule contre lui. Mais, comme nous l'avons dit, elle le sentait et ne voulait pas s'avouer vaincue. Les petites économies du ménage s'en étaient allées ; ensuite le Mont-de-Piété avait prêté quelques sous sur quatre ou cinq bijoux, souvenirs bien chers d'un passé plus heureux ; et le terme, ce fantôme effrayant des pauvres ménages parisiens, s'avançait à grands pas. En même temps que lui, la misère sombre si redoutable, l'hiver, allait frapper à la porte.

Contraste douloureux entre les innocents et les coupables, qui semblerait une négation de toute justice ! Ici, deux victimes se débattent au milieu des étreintes de la fatalité, et tout près, dans ce même Paris, gouffre insondable qui renferme tout, les fleurs du bien et les fruits du mal, d'autres personnes de la même famille vivent heureuses au milieu des plaisirs qui semblent créés pour elles. Une fille de M. Mazurier va peut-être mourir faute d'un morceau de pain, tandis que l'autre, gâtée par la fortune, s'entoure de luxe, s'abreuve de jouissance et, indifférente aux souffrances de son aînée, offre des fêtes superbes où tout le Paris élégant et mondain se donne endez-vous.

M. Caillet, le riche banquier, dont tout le monde vantait les merveilleuses opérations de Bourse, avait deux enfants : une fille nommée Ernestine et un fils qui s'appelait Gustave. Mlle Ernestine avait un an de moins que sa cousine Adrienne, dont elle ignorait peut-être l'existence, et M. Gustave, qui était déjà un petit maître fort à la mode, avait à peine seize ans.

M. Caillet était le banquier de M. Pierrard, le riche armateur du Havre. Les deux familles étaient très liées et se voyaient souvent. L'été, on se rencontrait sur les plages de Trouville et de Dieppe, au Mont-Dore ou à Biarritz. L'hiver, on se retrouvait à Paris, et la maison du banquier était mise à la disposition de l'armateur.

Comment cette amitié avait-elle pris naissance? M. Pierrard ne s'était jamais expliqué à ce sujet, probablement parce qu'il lui eût été impossible de rien expliquer. Il croyait devoir de la reconnaissance à M. Caillet et à sa famille, et c'était tout ; il n'avait jamais su pourquoi. Son père et sa mère, qui auraient pu l'éclairer, n'existaient plus depuis longtemps.

Son fils unique, âgé de vingt-quatre ans, était le fiancé de mademoiselle Ernestine, et un prochain mariage allait encore resserrer les liens d'amitié qui unissaient les deux familles.

Depuis six mois, Edmond Pierrard habitait à Paris. Bien qu'il eût été décidé qu'aussitôt après son mariage il succéderait à son père, son futur beau-père lui apprenait la manière de traiter les diverses opérations de banque. C'était peut-être, en même temps, un prétexte pour qu'il pût faire plus assidûment sa cour à mademoiselle Ernestine.

Le jour où, sous la dictée de sa mère, Adrienne écrivait au Havre à M. Pierrard, celui-ci se trouvait à Paris ; il y avait été appelé par ses affaires et, comme d'habitude, il était descendu chez M. Caillet.

La lettre lui fut réexpédiée par son employé chargé de la correspondance avec deux ou trois autres qui, comme celle d'Adrienne, lui étaient personnelles.

La supplique de la jeune fille l'étonna singulièrement. Ses relations avec M. Caillet dataient de loin, et depuis douze ans qu'elles étaient devenues tout à fait intimes, il n'avait jamais entendu dire qu'il existât une Mme Duverger, fille de M. et Mme Mazurier. Il faut avouer qu'il n'était pas mieux instruit sur tout ce qui touchait au passé de cette famille. M. Caillet jouissait d'une si grande considération, son honorabilité était si universellement reconnue, qu'il aurait cru commettre une mauvaise action en se mettant en quête de renseignements.

On comprendra facilement l'émotion dont il fut saisi à la lecture de cette lettre, qui lui révélait tout d'un coup un fait inconnu.

Il ne pouvait supposer qu'il eût affaire à une intrigante. Ce n'était pas un secours qu'on lui demandait, mais seulement un prêt, et bien timidement, avec le ton que prennent les pauvres honteux. La lettre disait encore :

« Ma mère était l'amie d'enfance de la vôtre, et si ce n'est pas une erreur de ma mémoire, elle a été assez heureuse autrefois pour lui rendre un léger service. »

Du reste, pas un mot de M. Caillet et de sa femme.

Qui était donc cette dame Duverger, née Mazurier, qui, malade, lui écrivait avec la main de sa fille ? Etait-ce la sœur de Mme Caillet ou bien une parente éloignée ? Ou bien encore s'agissait-il d'un Mazurier étranger à la famille du banquier ? Autant de questions auxquelles il lui était impossible de répondre.

On vint le prévenir que le déjeuner était servi. Il s'empressa de descendre à la salle à manger où tout le monde l'attendait. On s'aperçut tout de suite qu'il était préoccupé.

— Aurais-tu reçu de mauvaises nouvelles du Havre ? lui demanda son fils.

— Non, au contraire.

— Alors, mon cher Pierrard, dit le banquier, votre contrariété, — car vous êtes contrarié, — vient d'une autre cause. Tenez, voilà ces dames inquiètes; dites-nous vite de quoi il s'agit.

— Ma foi, c'est ce que j'ai de mieux à faire.

— Parbleu! fit M. Caillet.

— Avant tout, je dois vous déclarer que vous êtes trompés, car je ne suis nullement contrarié.

— En ce cas, rien de grave à redouter.

— Connaissez-vous une dame veuve du nom de Duverger? demanda-t-il.

A cette question, à laquelle on s'attendait si peu, le banquier se troubla, sa femme pâlit; seule, Mme Mazurier, assise en face de l'armateur, resta impassible.

— Nous la connaissons, dit-elle avec aigreur, puisque nous avons le malheur qu'elle soit de la famille. Pourquoi nous demandez-vous cela, cher monsieur Pierrard?

— Il paraît que cette dame et sa fille se trouvent en ce moment dans une position extrêmement difficile; la mère est malade depuis plus d'un mois et elles sont à la veille de manquer de pain.

— La malheureuse! s'écria l'affreuse femme, qui n'hésita pas à appeler à son secours la plus odieuse des calomnies; voilà les suites inévitables de sa mauvaise conduite.

Sans se rendre compte du sentiment pénible qu'il éprouvait, le cœur de l'armateur se serra.

— Il faut être indulgent quelquefois pour certaines fautes, reprit-il, et ne jamais rester impitoyable pour ceux que frappe le malheur. Mme Duverger m'a écrit une lettre fort touchante.

— En vérité, c'est trop d'audace ! interrompit la mégère.

— Elle me supplie de lui venir en aide, de lui prêter une somme d'ailleurs fort minime.

— Elle continue donc son métier de mendiante ?

— J'ai lieu de m'étonner qu'elle ne se soit pas adressée à moi, dit Mme Caillet d'une voix hypocrite.

— Vingt fois déjà nous l'avons retirée de la misère, osa ajouter Mme Mazurier.

— Ne vous préoccupez plus de cette affaire, monsieur Pierrard, reprit la femme du banquier; je me charge de votre réponse à Mme Duverger. C'est à sa famille de lui

venir en aide comme elle l'a toujours fait.
Dès aujourd'hui je ferai passer chez elle,
et on lui remettra l'argent dont elle a un si
pressant besoin.

M. Pierrard ne trouva rien à objecter. Du
moment que Mme Caillet revendiquait le
droit, qui lui appartenait, de secourir un
membre de sa famille, il ne pouvait plus se
mettre en son lieu et place.

La façon dont on s'était exprimé sur le
compte de Mme Duverger avait obtenu le
résultat qu'on en attendait. L'effet produit
par la lecture de la lettre était détruit. La
sympathie de M. Pierrard se changeait en
indifférence. Pourquoi se serait-il intéressé
à ces deux femmes, qu'il ne connaissait
point, et qu'on lui présentait comme in-
dignes?

D'un autre côté, par un sentiment de délicatesse facile à comprendre, malgré l'intérêt qu'il pouvait avoir à connaître la
vérité, il ne fit aucune question sur Mme Duverger et sa fille.

Il avait touché à un secret de famille, il
voulut le respecter.

On parla d'autre chose.

Dans la soirée, un domestique de

Mme Caillet se présenta chez Mme Duverger. Son air dédaigneux, pour ne pas dire impertinent, était bien digne des maîtres qu'il servait. Il avait reçu des instructions et, tout fier de figurer un personnage, il ne voulait pas paraître au-dessous de la mission qui lui avait été confiée.

La malade commençait à aller mieux; elle avait voulu se lever et elle était assise devant le feu. Adrienne travaillait près de la petite table. Elle se leva pour ouvrir au domestique et reprit aussitôt sa broderie.

Mme Duverger s'était tournée à demi du côté du visiteur; elle n'eut pas de peine à deviner en lui un valet de bonne maison.

— Madame, vous avez écrit à M. Pierrard, du Havre?

— Oui, monsieur. Est-ce donc sa réponse que vous m'apportez?

— Hélas! se dit la jeune fille, cet homme ne se présente pas comme un messager de bonnes nouvelles.

— Je suis envoyé par M. Caillet, répondit le domestique.

La mère et la fille tressaillirent.

— Je dois vous dire d'abord, reprit le valet, qu'il n'y a pas de réponse à votre lettre. M. Pierrard, du Havre, a été très étonné que vous lui ayez écrit, et il ne répond jamais à certaines demandes qui lui sont adressées par des personnes qu'il ne connaît pas.

Les deux femmes échangèrent un regard plein de tristesse, puis elles baissèrent la tête.

— M. Pierrard a communiqué votre lettre à Mme Caillet, poursuivit le domestique, car il est en ce moment à Paris.

— Oh ! quelle humiliation ! murmura la pauvre veuve.

Les yeux d'Adrienne se remplirent de larmes.

— Est-ce tout ce que vous avez à nous dire de la part de Mme Caillet, monsieur ? demanda Mme Duverger.

— Elle m'a chargé de vous remettre ceci, répondit le valet en présentant à la veuve un billet de banque de vingt-cinq francs.

— Ah ! une aumône ! fit-elle d'un ton amer, comme à un mendiant qui tend la main ! Je ne suis pas heureuse, mais n'ayant rien demandé à Mme Caillet, je n'ai rien à accepter d'elle.

Et elle cacha sa figure dans ses mains.

Le domestique ne savait plus que dire. Il passa ses doigts dans ses longs favoris et se décida à remettre le billet dans sa poche.

— Je dirai à Mme Caillet que vous n'avez besoin de rien, fit-il.

Adrienne se leva.

— Vous pourrez lui dire, si vous le voulez, répliqua-t-elle, que nous manquons de tout, que demain peut-être nous n'aurons ni feu, ni pain, ni asile, mais que nous avons toujours confiance en Dieu, lorsque tout le monde nous abandonne et nous oublie. Veuillez lui dire aussi que nous lui souhaitons d'être toujours assez heureuse pour ne jamais recevoir l'affront qu'elle nous fait aujourd'hui.

Le domestique pirouetta sur ses talons et gagna la porte.

— Ah! ma mère, ma pauvre mère! s'écria la jeune fille en tombant à genoux près de la malade.

— Nous boirons le calice jusqu'à la lie, murmura Mme Duverger.

— Tu le vois, reprit Adrienne, il faut que je travaille, que je travaille beaucoup.

Puis, joignant les mains et rejetant en arrière sa tête charmante, elle s'écria :

— Mon Dieu, conservez-moi ma mère et ne nous abandonnez pas !

IV

C'était un homme dur et peu commode, le gérant de la maison où demeurait madame Duverger. On le supplia d'accorder un délai avec promesse de payer au demi-terme; il resta impitoyable, et le 10 janvier, il fit signifier le congé par huissier. Il est vrai qu'il ne tenait nullement à conserver sa locataire. Le logement du rez-de-chaussée lui avait été demandé et il voulait le transformer en écurie et remise.

Après la signification vint la saisie. L'huissier chargé de l'opération mit la main sur tout ce que la loi lui permettait de prendre; il n'oublia même pas de coucher le vieux missel sur son inventaire.

— Je vous en prie, monsieur, lui dit Adrienne, laissez-nous ce livre, auquel nous tenons beaucoup, ma mère et moi.

— Vous demandez cela trop tard, mademoiselle c'est déjà écrit.

— En voici un autre que vous pouvez prendre à sa place.

— Impossible ; voyez, j'ai fait ajouter : avec garniture d'argent.

— C'est un souvenir de ma grand'mère, reprit la jeune fille en s'efforçant de retenir ses larmes.

— J'aurais voulu vous être agréable, mademoiselle ; mais, je vous le répète, il est trop tard. Du reste, si vous tenez tant que que cela à votre vieux livre de messe, vous n'aurez qu'à être là le jour de la vente et vous l'achèterez, il ne sera pas vendu plus de cinq francs.

Ce n'était pas que le missel fût utile à Mme Duverger et à sa fille ; elles avaient chacune leur livre de messe ; depuis bien des années, celui de la grand'mère n'était pas sorti de son étui ; elle l'avait pieusement conservé et y tenait seulement parce qu'il avait appartenu à Mme Mazurier : le souvenir est la religion du cœur.

Le jour fixé pour la vente du pauvre mobilier arriva. La mère et la fille ne l'avaient pas attendu pour quitter le logement ; elles étaient allées cacher leur douleur rue de Seine, dans une chambre d'hôtel. La santé de Mme Duverger se rétablissait bien lentement, au milieu de si cruelles émotions. Les forces ne revenaient pas et il fallait attendre encore deux mois peut-être avant qu'elle pût reprendre son travail.

La seule chose à redouter était une rechute ; aussi Adrienne redoublait-elle de soin et d'affection pour sa chère malade. La courageuse enfant se multipliait de toutes les manières.

Pendant que la vente avait lieu dans la cour de la maison de la rue de Grenelle et que le commissaire-priseur adjugeait chaque objet du ménage à tel ou tel marchand de bric-à-brac ou de meubles d'occasion, un jeune homme s'arrêtait dans la rue devant les étalages, plus brillants que riches, d'une douzaine de ces marchands ambulants, qui profitent toujours des ventes à la criée pour exercer leur petit commerce.

Après avoir regardé un instant les couteaux, les petites cuillers à café, les couverts argentés et dorés par le procédé Ruolz, les lorgnettes, les ronds de serviettes et autres produits de la fabrique de Paris, le jeune homme entra dans la cour.

Il vit ce qui se passait : c'était peu intéressant pour lui, et il se disposait à s'éloigner lorsqu'il aperçut une jeune fille qui cherchait à dissimuler sa présence en se cachant derrière une vieille armoire en bois de noyer. La beauté de cette jeune fille produisit sur lui une impression étrange, en même temps qu'il se sentait vivement intéressé par son air triste et résigné. Elle pleurait. A chaque instant elle épongeait ses yeux avec son mouchoir. Dans sa main gauche elle tenait une pièce de cinq francs; on voyait briller le métal blanc entre ses doigts tremblants et rougis par le froid.

— Elle est ici pour acheter quelque chose, pensa le jeune homme ; mais pourquoi pleure-t-elle ?

Sans oser l'approcher, il continua à l'examiner avec attention, et restait comme en extase devant cette admirable beauté, laquelle semblait protester contre la pauvreté de vêtements qui ne parvenaient pas à l'amoindrir.

Tout dans sa personne, son regard, sa pose et ses mouvements, était gracieux, modeste, distingué, honnête. Il se dégageait d'elle comme un parfum d'innocence et de pureté. Le jeune homme voyait toutes ces choses et se laissait aller à son ravissement.

Soudain, la jeune fille passa rapidement son mouchoir sur son visage et se mêla au groupe des acheteurs. Le crieur venait d'annoncer la mise à l'encan d'un livre de messe.

— Allons, mesdames et messieurs, dit-il, trois francs le livre de messe avec son étui ; le fermoir et les autres garnitures sont en argent. La mise à prix est de trois francs. Au poids, l'argent seul vaut mieux que cela. Allons, trois francs !

— Dix sous de plus, dit un acheteur.

— Trois francs cinquante, reprit le crieur.

— Quatre francs, répondit la jeune fille d'une voix douce et tremblante.

— Nous disons quatre francs, mesdames et messieurs ; à quatre francs, ce beau livre de messe ! Voyez, il est tout neuf, on ne dirait pas qu'il a servi.

Et en l'ouvrant, il faisait voir de jolies gravures coloriées.

— Quatre francs, une fois... quatre francs...

— Quatre cinquante ! cria le premier en-
chérisseur.

— Cinq francs ! dit aussitôt la jeune fille.

Elle tremblait très fort et se soutenait à
peine : ses doigts se crispaient sur la pièce
de cinq francs.

— Cinq francs, maintenant, allons, cinq
francs, cinq francs... Personne ne dit plus
rien ?...

— Mettez encore dix sous, fit l'enché-
risseur.

La jeune fille devint pâle comme un
suaire.

— Cinq francs cinquante, reprit la voix
du crieur, nous irons à six francs... Cinq
cinquante, une fois...

Il fit un signe à la jeune fille. Elle poussa
un soupir et baissa la tête.

— Cinq francs cinquante, deux fois, continua-t-il, trois fois...

Le coup de marteau du commissaire
priseur se fit entendre, et il prononça le
mot : Adjugé !

Un sanglot s'échappa de la poitrine de la
jeune fille et elle s'éloigna en chancelant,
suivie par les regards étonnés ou moqueurs
des marchands de bric-à-brac.

Le jeune inconnu, qui n'avait pas cessé d'observer Adrienne, avait suivi avec émotion les péripéties de ce petit drame. Il s'approcha de l'acquéreur du livre et lui dit :

— Monsieur, ce soir ou demain j'aurai l'honneur de vous faire une visite, soyez assez bon pour me donner votre adresse.

— Je demeure tout près d'ici, rue de l'Ecole-de-Médecine, répondit le brocanteur ; du reste, voilà ma carte.

Et il remit au jeune homme un morceau de carton sur lequel on lisait :

« Perdrisel, habits neufs et d'occasion, lingerie et ameublements, argenterie et orfévrerie. Achat de reconnaissances du Mont-de-Piété. »

L'inconnu mit la carte dans sa poche et s'élança sur les pas de la jeune fille. Il la rejoignit à l'entrée de la rue des Saints-Pères.

— Mademoiselle, lui dit-il, veuillez m'excuser si je me permets de vous adresser la parole dans la rue ; je n'aurais pas cette audace si je n'étais persuadé que je puis vous être agréable.

Adrienne fit un brusque mouvement en

arrière, et en même temps regarda son interlocuteur. Elle rencontra un regard si doux, si plein de compassion et de franchise, que sa réponse sévère expira sur ses lèvres. De grosses larmes jaillirent de ses yeux et coulèrent le long de ses joues pâles.

— Mademoiselle, reprit l'inconnu avec émotion, je m'intéresse à vous, ne me le défendez pas. Tout à l'heure, déjà, je vous ai vue pleurer, et je ne saurais vous dire le mal que j'ai ressenti. J'étais là, assistant en curieux à cette vente, dans une cour, d'un pauvre mobilier. Vous avez mis deux fois aux enchères sur un livre de messe ; pourquoi ne l'avez-vous pas acheté ?

La jeune fille ouvrit sa main gauche, qui tenait encore la pièce de cinq francs.

— Je n'avais que cela, dit-elle.

— Pauvre fille ! pensa le jeune homme, je l'avais deviné.

Il reprit à haute voix :

— Heureusement, les livres de messe ne sont pas rares, vous pourrez en acheter un autre.

— Un autre, monsieur, ne sera pas celui-là, répondit-elle tristement.

— Vous y teniez, c'est donc un souvenir ?

— Oui, monsieur, un souvenir.

— D'une personne qui n'est plus, de votre mère, peut-être ?

— Non, de ma grand'mère.

— Mais comment ce souvenir, qui vous est si cher, s'est-il trouvé compris dans cette vente ?

— Hélas ! cette vente est celle de nos meubles, de tout ce que nous possédions, ma mère et moi.

— Oh ! c'est affreux, murmura le jeune homme. Comment ce malheur vous est-il arrivé ?

La jeune fille parut hésitante.

— Excusez-moi si je vous interroge ainsi, reprit-il, et je vous supplie de ne pas croire à une vaine curiosité de ma part.

— Je ne saurais supposer que vous puissiez vouloir du mal à une pauvre fille qui vous est inconnue. Notre histoire est bien simple et bien triste, monsieur. Depuis bientôt trois mois ma mère est malade ; moi je suis brodeuse et je gagne peu. Nous n'avons pas pu payer le terme du mois de janvier dernier, le propriétaire nous a chassées, a saisi nos vieux meubles et il les a fait vendre aujourd'hui pour rentrer dans ce qui lui est dû. Nous nous sommes retirées dans une chambre d'hôtel, sous le toit, une mansarde... Quand pourrons-nous acheter d'autres meubles pour être chez nous ! Probablement jamais...

— Vous n'avez donc pas de parents à qui vous puissiez vous adresser dans cette détresse ?

— Nous avons des parents, monsieur, riches, très riches... mais ils ne nous connaissent pas, nous sommes si pauvres !

— Oui, cela se voit... trop souvent. Mais à défaut de parents, on a des amis.

— Des amis que la pauvreté épouvante, pour qui le malheur est une laideur repoussante.

— Vous êtes bien découragée, mademoiselle ; mais, croyez-le, il y a encore de bons cœurs sur la terre.

— Je le crois, monsieur, mais nous ne connaissons pas ceux-là, ma mère et moi.

— Mademoiselle, reprit le jeune homme, voulez-vous compléter la confiance que vous avez bien voulu me témoigner en répondant à mes questions ? Soyez assez bonne pour me donner votre adresse.

— Pourquoi, monsieur.

— Je vous ai dit que je m'intéressais à vous, c'est la vérité. Je désire vous être utile, je le peux si vous le voulez.

— Je crois à vos excellentes intentions, monsieur, et c'est parce que je vous ai jugé bon que je vous ai répondu. Mais je vous assure que vous ne pouvez rien pour nous ; la pauvreté n'exclut pas la fierté, et c'est peut-être un grand tort. Nous sommes fières, ma mère et moi ; nous n'acceptons jamais rien d'un inconnu.

— Mademoiselle, répliqua tristement le jeune homme, penseriez-vous que je voudrais offrir de l'argent à madame votre mère ? J'appartiens à une famille riche, je le pourrais ; mais je sais le respect qu'on doit au malheur. Comme vous, j'ai le bonheur d'avoir ma mère : je l'adore, c'est vous dire qu'elle est bonne entre toutes. Elle ne demeure pas à Paris, mais je l'attends dans quelques jours ; elle va venir faire des emplettes pour ses toilettes d'été. Elle aura besoin de broderies et vous êtes brodeuse ; c'est du travail bien payé que je veux vous offrir.

— Je ne puis vous refuser, monsieur, et

je vous remercie d'avance. Voici notre adressé : Mme Duverger, 38, rue de Seine.

Le jeune homme tressaillit.

— Mme Duverger, répéta-t-il, ce nom ne m'est pas inconnu.

— Mon père était magistrat, monsieur ; malheureusement pour nous, il est mort trop tôt.

— Encore une question, mademoiselle : n'êtes-vous pas parente de M. Caillet le banquier ?

— M. Caillet est mon oncle.

— Votre oncle ?

— Du côté de madame Caillet ; ma mère est née du premier mariage de M. Mazurier.

— Singulière rencontre, se disait le jeune homme.

» Je connais beaucoup la famille Caillet, reprit-il, et, si vous le désirez, je puis...

— Oh ! monsieur, ne parlez jamais de nous dans cette maison.

— Je comprends... ce sont les parents riches qui ne vous connaissent pas. Au commencement de janvier dernier, à l'époque de ce terme fatal, qui a été suivi de la saisie de votre mobilier et de votre

expulsion de la maison de la rue de Grenelle, vous vous êtes adressées à eux.

— Non, monsieur.

— C'est étonnant ; je crois me rappeler,
pourtant, qu'une somme de deux ou trois
cent francs a dû vous être envoyée alors
par M{^me} Caillet.

— C'est une erreur, monsieur ; sollicitée
par moi, — le besoin était pressant, — ma
mère s'est décidée à écrire à une personne
qui habite au Havre.

— M. Pierrard, peut-être.

— Oui, monsieur.

— M. Pierrard est un négociant très
riche ; c'est un brave et honnête homme,
un de ces bons cœurs dont je vous parlais
il n'y a qu'un instant, mademoiselle.

Adrienne secoua la tête.

— Notre lettre — c'est moi qui l'ai écrite
— lui est parvenue, continua-t-elle ; nous
lui demandions de nous prêter une somme
de deux cents francs. Il pouvait nous sauver. Jugez avec quelle angoisse nous atten-
dions sa réponse. Le troisième jour, dans la
soirée, un domestique entra chez nous ;
nos cœurs battaient fort. Mais rien qu'au
ton que prit cet homme pour parler à ma

mère, je compris que nous n'avions rien à
espérer.

« Je suis envoyé par Mme Caillet, nous
dit-il. M. Pierrard lui a communiqué une
lettre que vous lui avez écrite et je suis
chargé de vous dire qu'il n'y a pas de réponse à votre lettre; M. Pierrard ne répond
jamais à certaines demandes des personnes
qu'il ne connaît pas. »

Ce sont exactement les paroles du domestique, je ne les ai pas oubliées. Ensuite
il offrit à ma mère, de la part de Mme Caillet,
un billet de vingt ou vingt-cinq francs.
Ma mère n'a pas voulu l'accepter. Quelques années auparavant, dans une circonstance pénible, ma mère avait cru pouvoir
s'adresser à sa sœur, et on n'avait pas dai-
gné lui répondre. Malgré cela, si la somme
dont nous avions besoin nous eût été offerte,
non comme une aumône qu'on jette à la
figure d'un mendiant pour se débarrasser
de ses importunités, mais d'une façon convenable, nous ne l'aurions pas refusée,
même de Mme Caillet, à qui nous ne l'avions
pas demandée... Au lieu de cela, en les
faisant précéder de paroles outrageantes,
elle nous envoyait vingt-cinq francs!...

C'était comme une raillerie amère ! Voilà la vérité, monsieur.

— Ainsi vos riches parents ne vous sont jamais venus en aide ?

— Jamais.

— M. Caillet a deux enfants, les connaissez-vous ?

— Je n'ai jamais vu ni son fils, ni sa demoiselle. Un jour, aux Champs-Elysées, ma mère m'a fait remarquer deux dames qui revenaient du Bois dans une calèche traînée par deux chevaux magnifiques : c'étaient Mlle Caillet et sa mère. La voiture allait vite, je n'ai fait que les entrevoir, et il est possible que je les rencontrerais aujourd'hui sans les reconnaître.

Tout en causant, le jeune homme avait accompagné Adrienne jusqu'à la rue de Seine.

— Vous voilà presque à votre porte, mademoiselle, lui dit-il ; je me vois forcé de vous quitter.

Il la salua respectueusement et ils se séparèrent.

V

Un instant après, Adrienne était près de
sa mère.

— Je n'ai pas le livre, lui dit-elle avec
tristesse; une autre personne l'a acheté. Il
a été vendu cinq francs cinquante centimes
et je n'avais que cinq francs, toute notre
fortune.

— Ma pauvre enfant, c'est encore une
déception, répondit Mme Duverger; mais il
faut nous consoler de celle-ci comme de
toutes les autres.

— J'aurais eu tant de plaisir à dépenser
aujourd'hui notre unique pièce de cinq
francs!

— Demain, tu toucheras le prix de ton
travail de la semaine; tu as absolument
besoin d'une paire de bottines, tu pourras
te l'acheter.

— Non, chère mère, celles-ci iront encore un mois ; je préfère acheter, pour toi, quelques bouteilles de vin vieux de bordeaux. C'est le moyen de recouvrer tes forces, dit le médecin.

— Je ne veux pas insister ; avec toi je ne gagne jamais.

— Maintenant, chère mère, je dois t'avertir d'une rencontre que j'ai faite : un jeune homme, que je ne connais pas, m'a parlé.

— Où cela ?

— Dans la rue.

— Dans la rue... mais tu ne lui as pas répondu ?

La jeune fille rougit.

— Si, chère mère, je lui ai répondu.

— Oh ! Adrienne, quelle imprudence !

— Ce n'est pas la première fois que l'on m'adresse ainsi la parole...

— C'est inévitable ; cela arrive à toutes les jeunes filles pauvres.

— Je ne réponds jamais. Pourquoi ai-je été moins réservée aujourd'hui ? je ne le sais pas. J'ai été surprise ; il avait l'air si bon, si convenable, si honnête...

— Le piège se cache sous les fleurs.

— C'est un jeune homme du monde.

— Raison de plus pour te défier.

— Il connaît M. Caillet et sa famille.

— Ah ! Enfin, que t'a-t-il dit ?

— Il était là quand j'ai voulu acheter le livre ; il m'a vue pleurer.

— Oh ! le danger des larmes ! murmura Mme Duverger.

— Cela lui a fait de la peine, continua la jeune fille et il m'a suivie.

Il m'a dit qu'il s'intéressait à nous, qu'il pouvait nous être utile. Sa mère, qu'il aime beaucoup, doit venir à Paris bientôt, et me commandera des ouvrages de broderie. Tu comprends, chère mère, que si je pouvais travailler directement pour le client, je gagnerais quatre fois plus.

— Et tu as cru tout cela ?

— Sans doute : pourquoi aurait-il cherché à me tromper ?

— Chère innocente ! Pourquoi ! Il fallait bien qu'il te dît quelque chose. Tu lui as donné notre adresse ?

— Oui, répondit Adrienne en baissant les yeux.

— Autre imprudence, et, pour te la faire commettre, il fallait bien qu'il t'inspirât de la confiance. L'imagination des séducteurs est féconde ; rien ne les embarrasse. Il a bien vu, ce beau fils de famille, que ce n'était pas à toi qu'il pouvait offrir une parure, un bijou. Il a trouvé un autre moyen de fixer ton attention ; il t'a parlé de sa mère, il t'a promis du travail. Du travail !... Sait-il seulement si tu sais travailler ?... Les services qu'un jeune homme offre dans la rue à une jeune fille ne sont jamais désintéressés.

— Oh ! ma mère ! ce serait odieux !

— Je serais désolée de te faire croire que tout est mal, perfidie ou mensonge ; mais je veux te prémunir contre des entraînements qui peuvent être un péril pour ton cœur, qui ne sait que le bien et qui, je l'espère, n'apprendra jamais le mal. Va, mon enfant, je te connais, je suis sûre de toi et ne m'effraye point ; seulement, une autre fois, ne crois pas aussi facilement aux choses qu'on te dira.

— J'ai commis aujourd'hui une légèreté, ma mère ; cela ne m'arrivera plus ; pardonnez-moi.

Mme Duverger attira la jeune fillle sur son cœur et la pressa dans un long embrassement.

Après avoir quitté Adrienne, le jeune inconnu était descendu sur les quais et il réfléchissait en se rappelant les paroles de la jeune fille.

— Ainsi, se disait-il en marchant lentement le long des parapets, M⟨me⟩ Duverger est une Mazurier, la sœur aînée de M⟨me⟩ Caillet. Celle-ci est riche et l'autre est misérable. Pourquoi ? J'ai entendu dire que M. Mazurier avait acquis une fortune considérable. A-t-il donc déshérité M⟨me⟩ Duverger au profit de sa seconde fille ? Tout cela est bien extraordinaire. Ainsi, reprenait-il, quand ces deux femmes, poussées par le besoin, appelaient dernièrement à leur secours, c'est vingt ou vingt-cinq francs que M⟨me⟩ Caillet a osé leur envoyer ! Et ces paroles brutales, odieuses, attribuées à M. Pierrard... Dans quel but l'a-t-on fait parler ainsi ?

» Une fois, une seule fois, M⟨me⟩ Duverger s'est adressée à ses riches parents et on ne lui a pas répondu ; et M⟨me⟩ Mazurier prétend que, vingt fois déjà, ils ont tiré ces deux pauvres femmes de la misère. Où est la vérité ?... Et puis, cette accusation d'inconduite, à laquelle de ces infortunées s'applique-t-elle ? Ce n'est certes pas à cette jeune fille que je viens de voir, une enfant encore, si noble et si charmante, la candeur et l'innocence même. A sa mère ?-Est-ce possible ? Non. Cette femme, qui a su élever sa fille dans les meilleurs principes de l'honnêteté, n'a pu avoir une existence coupable ; cette femme, veuve d'un magistrat, qui, dans sa fierté, préfère la misère et mourir de faim plutôt que de tendre la main, cette femme ne peut être une créature avilie, méprisable !... Donc, mensonge et calomnie !...

» Qu'une famille riche, qui peut se donner toutes les satisfactions, dédaigne, repousse, abandonne des parents pauvres, c'est mal ; mais qu'elle ajoute à cela l'insulte et la calomnie qui flétrit, c'est infâme !...

» Quels gens sont-ils donc, ces Caillet ?

» Oh ! je le saurai... je découvrirai ce qui se cache dans l'ombre, et, pour savoir tout, je ferai jaillir la lumière au milieu des ténèbres ! »

Sans s'en apercevoir, il était arrivé au pont de la Concorde. Il regarda sa montre ; elle marquait cinq heures.

— Oui, ce soir, se dit-il, répondant à une de ses pensées.

Il remonta le cours de la Seine jusqu'à la rue Dauphine, et il entra dans un restaurant où il se fit servir à dîner.

A six heures et demie, il entrait dans la boutique du brocanteur de la rue de l'Ecole-de-Médecine. Celui-ci le reconnut et vint à lui avec empressement.

— Je me mets à votre disposition, monsieur, dit-il ; je suis bien connu dans le quartier, et, autant que je le peux, je rends une infinité de services à messieurs les étudiants et à leurs dames. Je vends à l'un, j'achète à l'autre, toujours au comptant, parce que, vous savez... le crédit... D'ailleurs, je me contente d'un tout petit bénéfice ; cela plaît à la pratique.

» Et puis, je fais un plus gros chiffre d'affaires, et je gagne tout autant que mes confrères. Avez-vous besoin d'un bon cachemire, d'une parure, d'une belle pièce de dentelle ? J'ai des bijoux superbes : chaînes et montres d'or, bagues riches, colliers de perles, croix émaillées, broches, boucles d'oreilles, bracelets en tous genres, breloques, épingles, médaillons au goût du jour, et tout cela dans les prix doux. Demandez, monsieur, je suis votre serviteur.

— Je me souviendrai à l'occasion de votre maison, répondit le jeune homme en souriant; aujourd'hui, je n'ai qu'un achat peu important à faire.

— N'importe, c'est ainsi qu'on entre en relations.

— Je désire vous acheter le livre de messe dont vous vous êtes rendu acquéreur à la vente de tantôt.

Le marchand cligna de l'œil et regarda son client en dessous.

— Bon, se dit-il, c'est l'amoureux de la petite qui mettait sur moi. Profitons de l'aubaine.

— Je suppose que vous ne l'avez pas déjà revendu? reprit le jeune homme.

— Heureusement, je l'ai encore! Il est là, sur cette étagère.

Il alla le prendre et, le montrant au jeune homme :

— J'ai fait là un excellent marché, je ne m'en doutais guère; ce n'est qu'en rentrant chez moi que j'ai reconnu la valeur de ce livre. Vieille édition, introuvable aujourd'hui... Remarquez, monsieur, la beauté des caractères, impression lyonnaise, la plus recherchée. Et les gravures... quelle délicatesse, quel fini ! Ce livre, monsieur, est une œuvre d'art, une merveille ! Et cet encadrement des couvertures... De l'or mat... premier titre... Et la reliure... unique... un peu endommagée, mais ce n'est rien ; un peu de colle et il n'y paraîtra plus.

Avec la meilleure volonté de partager l'enthousiasme du brocanteur, le jeune homme ne parvenait à voir dans cette œuvre d'art, cette merveille, qu'un de ces livres de prières tirés à milliers d'exemplaires et qu'on achète tout neufs, chez tous les libraires, quinze et vingt francs.

— Combien voulez-vous vendre ce livre ? demanda-t-il.

— C'est une première affaire, je ne veux pas vous faire marchander.

— Enfin, votre prix ?

— Vous connaissez la valeur de certains livres monsieur ; il y a des éditions elzéviriennes...

— Qui se paient très cher, je le sais ; mais ce livre n'est pas un elzévir.

— Sans doute ; cependant, l'édition...

— Dites donc tout de suite ce que vous voulez le vendre.

— Cent francs, parce que c'est vous.

— Je le vois bien, fit le jeune homme en souriant.

Il tira de sa poche un billet de banque de cent francs et le mit dans la main du marchand.

— Je ne discute pas la valeur matérielle de ce livre, dit-il ; ce n'est pas lui que j'achète cent francs, mais le souvenir autrement précieux qui s'y rattache.

L'homme rougit jusqu'aux oreilles.

— Je vis honnêtement de mon métier, balbutia-t-il en saluant humblement.

Le jeune homme mit le livre sous son bras et sortit de la boutique, enchanté de son acquisition.

VI

Le jeune homme rentra chez lui. Il
occupait au deuxième étage d'une maison
de la rue de Luxembourg un appartement
de garçon très convenablement meublé ; il
se composait de trois pièces : la chambre
à coucher, où il y avait un bureau sur-
monté d'une étagère chargée de livres du
meilleur choix ; le salon, qui possédait un
piano d'Erard, près duquel on pouvait
compter une douzaine de partitions de nos
meilleurs opéras, quelques romances et
une infinité de morceaux pour piano ;
appendus aux murs, deux paysages de
Corot, des fleurs de Jourdan, une baigneuse
de Giraud et une famille flamande de
Rembrandt ; la salle à manger, dans laquelle se trouvaient un chevalet portant

une marine ébauchée, des pinceaux, des couleurs et, accrochés au mur, des fleurets et les divers autres objets dont on se sert pour faire des armes.

Tout cela indiquait que le locataire donnait également une partie de son temps aux exercices du corps et à ceux de l'esprit, qu'il aimait la bonne littérature, et qu'il se livrait à ces deux arts d'agrément : la musique et la peinture.

Heureux et satisfait, il contemplait le livre de prières qu'il avait placé devant lui sur le bureau.

— Cet excellent Parisel, se disait-il en souriant, qui vit honnêtement de son petit commerce, est vraiment un homme fort aimable. Je lui dois de la reconnaissance, car j'aurais payé ce livre avec plaisir cinq cents et même mille francs. Il est vrai que c'est une première affaire et... il n'a pas voulu me faire marchander. Une première affaire... comme il doit arranger son client à la deuxième ! Oh ! il le connaît, son petit métier... « C'est cent francs, monsieur, parce que c'est vous. » Il a du flair, ce bon Parisel ; si celui-là ne devient pas millionnaire, tous les autres commerçants n'ont plus qu'à fermer leur boutique.

Et il riait.

Il s'assit devant son bureau et tourna le livre entre ses mains.

— Comme elle va être heureuse en le recevant! Il a appartenu à sa grand'mère, c'est aujourd'hui une relique. Ah! c'est ici qu'il y a une réparation à faire. Demain, à la première heure, je le porterai chez le relieur; je ne pourrais pas arranger cela moi-même.

Le carton de la couverture s'était détaché des petites cordelettes qui le maintenaient, et il n'était plus retenu au dos fixe que par des tranche-files. La feuille de garde, quadrillée par filets d'argent, était également déchirée d'une extrémité à l'autre. De plus, le carton n'adhérait plus au velours de la couverture, et il serait tombé sans grand effort si, comme nous l'avons dit, il n'avait pas été arrêté par les tranche-files. Entre ce carton décollé et le velours, qui restait tendu dans son cadre d'argent, il y avait un espace qu'on aurait pu comparer, avec un peu de bonne volonté, à la poche d'un portefeuille.

En soulevant légèrement le carton, afin

de se rendre compte du travail qu'il y avait à faire, le jeune homme aperçut un papier dans l'espèce de poche dont nous venons de parler. Il le fit sortir adroitement en le piquant avec la pointe d'un canif.

Ce papier était plié en quatre : en l'ouvrant, un second papier, caché dans un pli du premier, tomba sur le bureau.

Le jeune homme n'eut pas plutôt jeté les yeux sur l'écriture et la signature du document qu'il tenait, qu'il poussa un cri de surprise.

Il se mit à lire fiévreusement. Il croyait faire un rêve et il se frottait les yeux comme un homme qui ne se sent pas bien éveillé.

Le premier papier était marqué d'un timbre royal et portait la date de 1842 ; l'autre, une simple lettre, portait la même date, et avait été écrite et signée par une autre main. Toutefois, les deux documents étaient également précieux. Le jeune homme venait de faire une importante découverte. Il eût suffi de voir son agitation pour en être convaincu.

Au bout d'un instant, ses yeux se remplirent de larmes.

— Oh! si mon père savait cela! s'écria-
t-il. Que dois-je faire? Lui écrire? Non,
pas encore.

Il y avait dans sa tête une foule de
pensées, et une plus ardente, plus souve-
raine, dominait déjà toutes les autres.
Depuis quelques heures il n'était plus le
même : il lui semblait qu'il avait été trans-
porté, soudainement, dans un autre monde.
Un horizon immense, qu'il n'avait jamais
entrevu, déroulait sous ses yeux des rayon-
nements sans nombre de beautés éblouis-
santes. Et au milieu de ce panorama étin-
celant de lumière, s'encadrait toujours,
sans cesse, la tête charmante d'une jeune
fille, aux joues pâlies, aux yeux baignésde
larmes.

— Le bonheur, le bonheur! fit-il, révé-
lant ainsi une de ses pensées, Dieu si juste le
donne-t-il toujours à ceux qui le méritent?

Après avoir longuement réfléchi, il ouvrit
un tiroir de son bureau et y enferma les
deux papiers.

Le lendemain matin, il porta le missel
chez un relieur qu'il connaissait. Le travail
de réparation n'était pas difficile, mais
minutieux. Il fallait rassortir le papier de

garde, refaire les nerfs, laisser sécher la colle. Tout cela demandait deux jours.

— Soit, dit-il ; je reviendrai après-demain dans la journée.

Ensuite il se rendit rue Saint-Honoré, chez le tapissier qui avait meublé son logement.

— J'ai un petit changement à faire chez moi, lui dit-il.

— Lequel, monsieur ?

— Je désire que vous fassiez de mon salon une jolie chambre à coucher.

— C'est facile. La chambre est-elle destinée à une dame ?

— Oui.

— Jeune ?

— A ma mère, monsieur, qui va venir passer quelques jours à Paris.

Le tapissier s'inclina.

— Demain, dit-il, je ferai enlever le tapis, les tentures et les meubles, moins votre piano, et dans trois jours la chambre de madame votre mère sera prête.

Trois jours plus tard, un commissionnaire remettait à Mme Duverger un petit paquet enveloppé dans une feuille de papier blanc cacheté de cire rose.

Après un moment de surprise, elle enleva l'enveloppe et trouva le missel de la grand'-mère. Il était accompagné d'une lettre.

— C'est lui qui nous fait cet envoi, pensa Adrienne.

Elle avait vu aussi la lettre, une lettre de lui, sans doute ; mais pour laisser à sa mère toute liberté de la lire, elle reprit sa broderie et voulut paraître indifférente. Il n'en était rien. Pourquoi son cœur battait-il si fort ? Elle n'aurait pas su le dire.

Mme Duverger n'eut pas de peine à deviner que l'envoi du livre lui était fait par le jeune homme dont sa fille lui avait parlé. Sans rien dire, elle ouvrit la lettre qui, d'ailleurs, lui était adressée. Voici ce qu'elle lut :

« Madame,

» J'ai été assez heureux pour retrouver un livre auquel vous teniez beaucoup, et je m'empresse de vous l'envoyer. La vie est semée de faits imprévus et remplie de circonstances singulières, madame. Dernièrement j'ai eu le bonheur de rencontrer Mlle Duverger ; ce n'est pas le hasard, mais, je crois pouvoir le dire, la Providence qui m'a placé sur son chemin. Depuis trois jours vous avez en moi un ami sincère. Permettez-moi de travailler pour vous, et, pendant quelque temps encore, de vous rester inconnu. Je fais ce sacrifice dans votre intérêt.

» Agréez, madame, l'assurance de mon respect et de mon entier dévouement. »

Mme Duverger lut la lettre une seconde fois, et, après l'avoir pliée, la mit dans sa poche.

Adrienne poussa un soupir, mais elle n'osa pas interroger sa mère et encore moins lui demander communication de la missive; elle aurait pourtant bien désiré en connaître le contenu. Quelle jeune fille ne serait pas un peu curieuse dans une semblable circonstance?

Certes, la lettre ne renfermait rien qu'Adrienne ne pût lire; mais Mme Duverger était une mère prudente, prévoyante de tout danger; elle savait que l'imagination d'une jeune fille s'exalte facilement et elle ne voulait pas qu'Adrienne pût être troublée trop profondément par le souvenir du jeune inconnu.

Au bout d'un instant, elle lui dit:

— C'est le jeune homme dont tu m'as parlé qui m'envoie le livre. Il m'écrit à ce sujet une lettre convenable et polie. Il ne me parle point de toi et il ne me donne ni son nom ni son adresse. Cela prouve qu'il ne veut pas être remercié et qu'il tient à rester inconnu. Selon toute probabilité, nous n'entendrons plus parler de lui.

Adrienne ne répondit pas; mais un instant son aiguille resta immobile entre ses doigts; il lui avait semblé que quelque chose se déchirait dans son cœur.

VII

Mme Pierrard venait d'arriver à Paris.
Son fils était allé l'attendre à la gare de
l'Ouest. Quand elle entra dans la chambre
préparée à son intention et qui, quelques
jours auparavant, était encore le salon
d'un appartement de garçon, elle jeta un
coup d'œil de maîtresse de maison habituée
à l'aisance et parut très satisfaite.

— Mais tu ne m'avais pas écrit que tu me
faisais préparer un véritable nid de satin,
dit-elle.

— Ainsi, tu es contente ?

— Enchantée, ravie... Tout cela est charmant.

— Mon tapissier est un homme de goût.

— La preuve est sous mes yeux.

— Il me reste un souhait à faire : que tu

ne t'ennuies pas ici et que tu ne t'y trouves pas moins bien que chez Mme Caillet.

— M'ennuyer ici ! est-ce possible ? Je serai tout près de toi... Mais comment as-tu expliqué à Mme Caillet cette idée qui t'est venue de me recevoir chez toi ? Ils ont dû être surpris et mécontents ?...

— Je n'ai rien expliqué du tout ; j'ai dit simplement que pendant ton séjour à Paris, tu logerais chez moi. Mme Caillet a fait la grimace, Mme Mazurier m'a appelé grand fou... On a ri et, comme on ne pouvait pas faire autrement, on a accepté de bonne grâce ma décision.

— Soit ! mais tu as une idée ?

— Sans doute.

— Laquelle ?

— Le bonheur de t'avoir plus complète-ment à moi.

— Est-ce bien toute la vérité ?

— Douterais-tu de mon affection ?

— Oh ! jamais !

— Eh bien ! cela dit tout.

— Je ne sais pas. Mme Caillet m'a écrit ; elle se plaint de toi : tu es moins assidu auprès de ta fiancée, tu n'entres plus dans les bureaux, et c'est à peine si tu consacres à la famille une demi-heure par jour.

— Je travaille ici ; je fais de la musique, un peu de peinture... je te montrerai mes ébauches. Et puis, comme je connais à peine Paris, je me promène.

— Il n'y a pas d'autre motif ?

Edmond se rapprocha de sa mère, tout souriant.

— Je ne veux rien te cacher, dit-il ; eh bien ! oui, il y a autre chose, une jeune fille.

— Oh ! Edmond !

— Ne te hâte pas de me blâmer, ma mère, car tu seras forcée de m'approuver.

— Tu te trompes, mon fils, dit sévèrement Mme Pierrard ; quelles que soient ma tendresse et ma faiblesse pour toi, je n'admettrai jamais que tu puisses commettre une mauvaise action.

— Croirais-tu que ton fils pût cesser d'être digne de toi, chère mère ? J'aime une jeune fille honnête et belle... et pauvre... Est-ce là un crime ?

— Mais, malheureux, et ton mariage ?

— Avec mademoiselle Ernestine Caillet ? Il ne se fera pas.

— Ai-je bien entendu ? Quoi ! une pareille

injure à cette famille, des amis... à cette
innocente enfant qui t'aime !

— Ma mère, mademoiselle Ernestine est
une charmante jeune fille ; comme vous,
j'apprécie ses excellentes qualités. Un jour,
on a parlé de nous marier, je n'ai pas dit
non ; je croyais l'aimer, ce n'était pas vrai :
je le sais aujourd'hui.

— Mais elle, elle ?

— C'est toujours une enfant dont le cœur
n'a pas encore parlé. Elle a de l'amitié pour
moi, rien de plus. Dans quinze jours, dans
un mois, un autre se présentera à ma place
et elle l'aimera.

— Mon pauvre Edmond, tu oublies la
parole donnée par ton père.

— Il la reprendra.

— Oh ! tu ne le connais pas, sans cela
tu ne parlerais point ainsi. Ne sais-tu pas
qu'il doit profiter de mon séjour à Paris
pour y venir lui-même, afin de fixer défini-
tivement le jour du mariage ?

— Je l'attends avec impatience.

— Et tu ne t'effrayes pas plus que cela ?
Qu'espères-tu donc ?

— Tout, pour mon bonheur. Mon père
reprendra sa parole ; j'ai le moyen de l'y

décider ; la famille Caillet sera contrariée, mais elle se taira ; j'ai aussi le moyen de lui imposer silence.

— En vérité, tu ne doutes de rien.

— Au contraire, chère mère.

— Je ne m'en aperçois point.

— J'ai peur de ne pas être assez heureux pour me faire aimer.

— De l'autre ?

— Oui, de M^llo Adrienne Duverger, la cousine de mademoiselle Ernestine.

— Ton père m'a parlé d'une dame Duverger qui lui a écrit...

— C'est la mère d'Adrienne, la sœur aînée de Mme Caillet. Seulement elles ne sont pas nées de la même mère.

— Edmond, connais-tu bien ces deux femmes ?

— Oui, ma mère, et c'est pour cela que je ne crains pas de te parler d'elles. En présence de mon père, on les a indignement calomniées. Il y a quinze jours que je me suis mis à la recherche de la vérité et je l'ai trouvée. Oh ! ce que j'ai appris... tu le sauras plus tard. Pauvres victimes !... Ces deux femmes, ma mère, méritent le respect et l'admiration de tous. C'est à genoux qu'on devrait leur parler. Je leur suis inconnu, je n'ai jamais vu Mme Duverger et je n'ai jamais parlé qu'une seule fois à sa fille. Elles sont malheureuses, presque dans la misère, comprends-tu ? la misère... car pour ne pas manquer de pain et donner un peu de viande à sa mère malade, Adrienne travaille seize ou dix-huit heures par jour. C'est horrible ! Je n'ai pas osé leur envoyer de l'argent ; elles ne l'auraient pas accepté. Mais, te voilà, ma mère, toi, la bonté même. Ce que je n'ai pu faire, tu le feras. Oh ! tu pourras vider ta bourse dans leurs mains sans craindre d'être trop généreuse.

— Comment ! tu veux que j'aille moi-même ?...

— Dans leur mansarde, ma mère ; ce sera la première fois qu'elles y verront luire un rayon de soleil. Ecoute, la jeune fille est brodeuse, elle travaille dans la perfection ; tu lui commanderas plusieurs ouvrages de broderie, et tu payeras d'avance, très cher. Tu iras chez elle pour une autre raison encore ; je veux que tu voies la mère, je veux que tu voies la fille et que tu juges avec tes yeux, avec ton cœur. Après cela, si tu me dis : « Edmond, ne pense plus à cette jeune fille, » je te promets de t'obéir.

— J'irai, fit Mme Pierrard.

— A cette première visite, tu ne te feras point connaître. Tu te présenteras comme venant de la part de Mme Monteil, entre-preneuse d'ouvrages de broderie, qui demeure rue de Rivoli. C'est pour cette femme que travaille Mlle Duverger.

— Si tu n'as parlé qu'une seule fois à cette jeune fille, comment sais-tu toutes ces choses ?

— Mais en cherchant, en me renseignant, en interrogeant. Et puis, si je ne lui ai parlé qu'une fois, je la vois tous les jours.

— Où cela ?

— Chez elle, à sa fenêtre, lorsqu'elle l'ouvre pour renouveler l'air, et la ferme pour empêcher le froid d'entrer. En face, j'ai loué une petite chambre. Caché derrière les rideaux de ma fenêtre, je regarde, j'ob-serve et je vois sans être vu.

— Edmond, c'est mal, cela.

— Pouvais-je faire autrement? J'aime Adrienne ; ce n'est ni sa faute, ni la mienne. Cela devait arriver. Si je m'étais présenté chez Mme Duverger, elle ne m'aurait pas reçu. D'ailleurs, je ne voulais pas me faire connaître ; j'avais des raisons sérieuses pour agir ainsi. Il fallait pourtant que je m'assurasse que Mlle Duverger était digne de mon intérêt, de mon affection... J'ai loué la chambre. Si j'eusse découvert la moindre chose qui eût pu me donner un doute sur l'honnêteté de la mère ou de la fille, aujourd'hui je serais guéri et je n'aurais rien à te demander ; au lieu de cela, ce qui n'était d'abord qu'un commencement de vive sympathie est devenu une affection profonde, réfléchie et raisonnée.

Enfin, ma mère, j'aime Adrienne et c'est dans une triste mansarde de la rue de Seine que reposent en ce moment toutes les espérances de mon avenir.

— Mon pauvre ami, répliqua Mme Pierrard, tu te prépares une grande déception.

— Que veux-tu dire ?

— J'admets la rupture de ton mariage avec Mlle Caillet ; d'après ce que tu viens de me dire, elle est forcée ; je trouve méprisable un homme qui donne son nom à une femme et son cœur à une autre. Mais dans l'exaltation de ton rêve, tu oublies ton père, mon ami. Il ne consentira pas à ton union avec Mlle Duverger.

— Est-ce parce qu'elle est pauvre ?

— Sa pauvreté n'est pas un obstacle sérieux. Il y a quelque chose de plus redoutable. Quelle figure veux-tu que fasse dans notre maison, dans notre monde, cette petite ouvrière sans instruction et dont l'éducation a été évidemment très négligée ?

— Chère mère, répondit-il en souriant, Mlle Duverger a été élevée dans un des premiers pensionnats de Paris ; quand elle en est sortie à quinze ans — je tiens cela de la directrice du pensionnat elle-même — elle était la meilleure élève de la maison. Sans parler de sa distinction native, Adrienne a reçu l'éducation complète d'une jeune fille du meilleur monde. Je sais bien que mon père me présentera des objections, mais je t'assure que je n'en suis nullement tourmenté. Ma seule crainte, je te l'ai dit, c'est de ne pas être aimé.

» En attendant, songeons à ce qui presse le plus, ma bonne mère : il faut sans retard venir en aide à Mme Duverger et la sortir de l'horrible situation où elle se trouve.

— Dès demain.

Il l'entoura de ses bras et l'embrassa sur les deux joues.

— Tiens, tu es la meilleure de toutes les mères ! fit-il.

— Et la plus faible, car me voilà devenue ta complice.

VIII

Vers dix heures et demie, Mme Duverger et sa fille achevaient leur modeste repas du matin, bien modeste, en effet : une côtelette de mouton de trente centimes et un verre de vin pour la mère ; pour Adrienne, deux sous de pommes de terre frites, achetées à la marchande au coin de la rue, et l'eau claire de la fontaine. Elle prétendait ne plus aimer le vin.

On frappa à la porte de la mansarde. En un clin d'œil, les assiettes ébréchées et le reste du service, à l'avenant, disparurent dans un placard. La jeune fille courut ouvrir et, rougissante et toute confuse, elle recula devant Mme Pierrard, qui avait eu soin, cependant, de s'habiller très simplement pour ne pas les effaroucher.

La visiteuse ne put réprimer un mouvement de surprise que provoqua la beauté merveilleuse de la jeune fille. Jamais rien d'aussi suave, d'aussi gracieux ne s'était offert à ses yeux. Il lui suffit d'un instant pour se convaincre que son fils n'avait rien exagéré ; c'était bien le dénûment, la misère qu'il lui avait dépeints, et le ravissement qu'elle éprouvait elle-même en présence d'Adrienne justifiait l'enthousiasme du jeune homme.

— Excusez-moi, mademoiselle, je me trompe probablement de porte, dit-elle avec intention ; je cherche une brodeuse qui demeure dans cette maison.

— Nous ne connaissons pas les autres locataires, madame, mais je suis moi-même brodeuse.

— Alors, je ne me suis pas trompée ; vous êtes Mlle Duverger ?

— Oui, madame, répondit la jeune fille d'une voix si faible, que Mme Pierrard l'entendit à peine.

La malade s'était levée ; elle offrit un siège à la visiteuse.

— Je vous remercie, madame, dit celle-ci en s'asseyant. Vous paraissez souffrante ?

— Je suis malade depuis quatre mois et je j'ai bien de la peine à reprendre un peu de force.

— Mademoiselle est votre enfant?

— Oui, madame, c'est ma fille, ma consolation, mon bonheur, mon ange gardien.

— Ces paroles me confirment tout le bien qu'on m'a dit de mademoiselle. Voici ce qui m'amène : J'ai des travaux de broderie assez importants à faire exécuter pour mon compte personnel. Je me suis adressée rue de Rivoli, à Mme Monteil, dont je suis la cliente. Comme je tiens à être directement en rapport avec l'ouvrière pour le travail en question, Mme Monteil m'a donné l'adresse de Mlle Duverger comme étant, parmi ses brodeuses, celle qui peut le mieux me satisfaire.

— Mme Monteil est bien bonne.

— Elle ne fait que reconnaître le mérite de mademoiselle, qui travaille, paraît-il, dans la perfection.

— On est difficile aujourd'hui et il faut soigner l'ouvrage. Adrienne, montre donc à madame les entre-deux auxquels tu travailles.

La jeune fille apporta à Mme Pierrard

deux bandes de jaconas, dont l'une, entièrement terminée, présentait des fleurs et
des feuillages d'un très joli effet.

— C'est admirable ! s'écria Mme Pierrard ;
ce plumetis est délicieux ; je n'ai jamais
rien vu de plus délicat, de plus exquis...
Vous êtes une petite fée, mademoiselle.

Une tombée de rose se fit sur le visage
de la jeune fille.

— Je vois que je peux en toute assurance
vous confier l'exécution de ce que je désire,
reprit la visiteuse. J'aurai à vous demander
de me faire plusieurs applications sur dentelles anglaises. Depuis plusieurs années
je veux avoir une robe de soie brodée au
plumetis, et c'est par ce travail que nous
commencerons.

» Voyons, mademoiselle, donnez-moi
votre idée sur l'ornementation. »

Adrienne parut hésiter.

— Je suis bien ignorante, madame, dit-
elle, et je ne saurais vraiment pas vous
dire...

— C'est de la modestie, j'en suis sûre. Je
tiens absolument à avoir votre avis ; votre
bon goût réglera le mien.

La jeune fille rougit encore.

— Est-ce une robe de couleur ? demanda-t-elle.

— Oui, bleu clair ; j'adore cette nuance. L'étoffe est chez ma couturière, demain vous aurez les pièces.

— Une broderie camaïeu pourrait convenir ; toutefois, pour une robe riche, une broderie pompadour de plusieurs nuances serait mieux encore. Nous ferions une guirlande de bouquets de roses et d'œillets et, à travers les feuillages, courraient des liserons et des volubilis. Nous répéterions le même ornement aux manches et sur le corsage, suivant la coupe. Si la robe est relevée en pouff, nous pourrions faire descendre de la taille jusqu'au relevé un joli bouquet de roses, et la couturière le terminerait par un nœud de la couleur de la robe.

— C'est cela, dit Mme Pierrard, sans chercher à cacher sa satisfaction ; j'adopte votre plan sans aucune restriction. Combien ce travail vous demandera-t-il de temps ?

— Au moins deux mois, madame, à cause des nuances diverses.

— Et en ne perdant pas une minute, sans doute. Comptons trois mois, mademoiselle. Ainsi, pendant trois mois, vous ne travaillerez que pour moi. Maintenant, il faut nous entendre sur le prix. C'est très bien d'avoir de belles choses, mais il faut les payer. Estimez votre temps et votre travail, mademoiselle.

— Vous connaissez ce travail, madame, dit Mme Duverger, vous savez ce qu'il se paye ; ma fille acceptera le prix que vous fixerez vous-même.

— Alors, mille francs...

— Oh ! madame, fit Adrienne, c'est trop, beaucoup trop, et je crois que cinq cents francs...

— Cinq cents francs pour trois mois de votre temps et de votre merveilleux travail ! s'écria Mme Pierrard ; je n'oserais point vous employer à d'aussi modestes conditions, mademoiselle. D'ailleurs, madame votre mère vient de dire que vous accepteriez le prix que je fixerais. J'ai dit mille francs, ce sera mille francs. Et comme vous n'êtes peut-être pas bien riches en ce moment, je me permettrai de vous avancer la moitié de la somme.

Elle tira de sa poche un petit rouleau d'or et le mit dans la main d'Adrienne, malgré sa résistance.

— Mais je n'ai pas encore travaillé, disait la jeune fille d'une voix tremblante d'émotion; une si forte somme... je ne puis pas accepter...

Et elle regardait sa mère pour surprendre un signe qui lui dictât sa conduite.

Rien de tout cela n'échappait à Mme Pierrard, dont la physionomie calme et souriante exprimait la plus sympathique bienveillance.

— Puisque madame le veut, accepte, mon enfant, dit Mme Duverger.

Elle était elle-même vivement émue. Deux grosses larmes descendaient le long de ses joues amaigries.

— Si vous le voulez, madame, reprit Adrienne, j'irai prendre la robe chez vous ou chez votre couturière.

— Non, non, je l'apporterai moi-même ou je vous l'enverrai par ma femme de chambre.

— J'aurai besoin de vous consulter plus d'une fois.

— Nous aviserons. Je dois vous dire que je n'habite pas à Paris; j'y suis pour quelques jours seulement.

Adrienne tressaillit et Mme Duverger redressa la tête.

— Adrienne, ne dois-tu pas sortir pour faire un petit achat ? dit-elle.

Puis tout bas à la visiteuse :

— Madame, je désire causer seule un moment avec vous.

Le regard anxieux de la jeune fille interrogea la malade ; mais ne recevant pas de réponse, Adrienne salua silencieusement Mme Pierrard et sortit.

— Madame, dit la veuve, je prends vis-à-vis de vous une bien grande liberté ; excusez-moi.

— Ma sympathie vous est acquise, répondit Mme Pierrard très intriguée ; vous pouvez parler sans crainte.

— Je ne commettrai pas l'indiscrétion de vous demander votre nom, madame ; mais permettez-moi de vous adresser une question : Avez-vous des enfants ?

— J'ai un fils unique.

— Qui demeure à Paris ?

— Depuis quelques mois.

— Madame, pouvez-vous m'assurer que monsieur votre fils n'est pour rien dans la visite que vous nous faites ? Oh ! je vous en prie, répondez-moi.

— Eh bien ! oui, c'est parce que mon

fils m'a parlé de vous, de votre douloureuse position que je suis venue.

— Merci. Maintenant, je puis vous dire pourquoi j'ai eu la hardiesse de vous interroger. Il y a quelque temps, un jeune homme a rencontré ma fille, par hasard ; il lui a parlé, l'a questionnée, elle a répondu ; je l'ai blâmée... le mal était fait. Ce jeune homme, madame, j'en suis sûre maintenant, c'est votre fils. Que, bonne comme vous l'êtes, vous veniez à notre secours, que vous donniez à mon enfant du travail, du pain, nous pouvons l'accepter ; mais ce serait une action malhonnête et vile, si je ne vous disais pas toute la vérité. Ma fille est jolie, hélas ! trop jolie peut-être ; mais elle est bonne, pieuse et sage, c'est tout ce qu'elle possède... Vous appartenez à un monde qui n'est pas le nôtre et vous êtes riche, madame ; déjà, vous devez vous préoccuper de l'avenir de votre fils unique ; il est de mon devoir, dans son intérêt et dans le vôtre, de vous prévenir. Il n'est pas trop tard, mais il est temps. A mon insu, madame, et sans que ma fille ait rien fait pour cela, je vous le jure, votre fils s'occupe d'elle. En face de cette fenêtre, de l'autre côté de la rue, il a loué une chambre.

— Comment savez-vous cela?

— Malgré le soin qu'il met à se cacher, ma fille l'a deviné, aperçu... Elles ont de bons yeux, les jeunes filles ! Mais une mère ne les a pas moins bons. J'ai remarqué qu'elle regardait souvent de ce côté, j'ai vu plus d'une fois son visage s'empourprer et, ma main sur sa poitrine, j'ai senti les battements précipités de son cœur. Elle a dix-huit ans, madame, et je lui ai donné un cœur en la mettant au monde. Ah ! il s'agit du bonheur de nos deux enfants, et vous seule pouvez les sauver. Je vous en supplie, emmenez votre fils !

Mᵐᵉ Pierrard saisit une main de la veuve et la serra dans les siennes. Elle était vivement impressionnée.

— Je vous remercie de votre confidence, dit-elle, et je vous promets de ne pas perdre de vue un instant le bonheur de nos deux enfants.

Elle se leva. Malgré la faiblesse de ses jambes, Mᵐᵉ Duverger l'accompagna jusque sur le carré.

— A bientôt, dit-elle.

Et elle descendit rapidement l'escalier.

IX

Edmond Pierrard attendait impatiemment le retour de sa mère.

— Eh bien! lui demanda-t-il aussitôt qu'elle entra, faut-il que j'oublie?

— Je ne suis pas plus forte que toi, répondit-elle ; Mme Duverger et sa fille m'ont ensorcelée. Mais parlons sérieusement : ton imprudence peut avoir des conséquences terribles.

— Quelle imprudence?

— Cette chambre que tu as louée... Mlle Duverger t'a vu, reconnu... Sa mère s'est aperçue qu'elle regardait trop souvent de l'autre côté de la rue et elle tremble pour le repos de son enfant...

— Achève, ma mère, achève...

— Enfin, si Adrienne ne t'aime pas encore, elle est bien près de t'aimer.

— Adrienne m'aime! Ah! tu me rends fou de bonheur! s'écria-t-il.

— Edmond, tu me désespères. Depuis hier, je vis comme au milieu d'un tournoiement vertigineux, et maintenant que j'ai vu Mlle Duverger, je suis épouvantée.

— Je ne te comprends pas.

— Mais, malheureux enfant, tu ne vois donc pas que tu marches vers un abîme? Que feras-tu devant l'autorité de ton père?

— Ne t'ai-je pas assuré que je répondais de tout?

— Tu ne m'as rien dit que j'aie pu prendre au sérieux.

— Au fait, si Adrienne m'aime, je n'ai plus rien à te cacher! s'écria-t-il. Je vais te montrer mon talisman.

Il sortit de la chambre et rentra un instant après, tenant un papier dans chacune de ses mains.

— Tiens, lis, dit-il à sa mère en les lui tendant.

Elle lut rapidement.

— Edmond, prononça-t-elle d'une voix vibrante, d'où viennent ces papiers? Comment se trouvent-ils entre tes mains?

Le jeune homme lui fit le récit de sa rencontre avec Adrienne, du livre acheté par un brocanteur, racheté par lui, et de sa découverte inattendue.

— C'est merveilleux! s'écria-t-elle; cette histoire est un véritable roman...

— Eh bien! crois-tu maintenant à la vertu de mon talisman?

— Je crois en Dieu et en sa divine providence! Certes, ton père ne pourra résister; mais la famille Caillet?... As-tu un autre talisman?

— Oui, ma mère; il se compose des mots suivants : « Mme Mazurier deuxième, d'accord avec M. Caillet, son gendre, a, par des manœuvres que je ne qualifie pas, dépouillé Mme Duverger de l'héritage de son père. »

— Edmond, que me dis-tu là?

— La vérité, je puis le prouver. Oh! je pourrais t'apprendre encore plusieurs choses tout aussi surprenantes; mais je ne veux te parler que de ce qui est utile à mon bonheur.

— Ainsi, reprit-elle, depuis quinze jours tu as ces papiers... Pourquoi n'as-tu pas prévenu ton père immédiatement?

— Je voulais être complètement renseigné au sujet de Mme Duverger, et puis je t'attendais.

— Soit; mais depuis quinze jours, Mme Duverger et sa fille souffrent. La mère se consume lentement dans cette misérable chambre d'hôtel où l'air et l'espace lui manquent. Elles ont besoin de tout. Edmond, il faut écrire tout de suite à ton père.

— Il va venir, attendons-le. Ne perdons plus une minute et, à nous deux, occupons-nous de Mme Duverger. Il faut lui trouver un autre logement.

— C'est absolument mon avis.

— Dans une heure, j'aurai loué à Passy une petite maison, entre cour et jardin, que j'ai déjà visitée, et demain, à midi, elle sera convenablement meublée pour recevoir Mme Duverger et sa fille.

— Accepteront-elles?

— Elles ne refuseront rien à Mme Pierrard du Havre.

Le lendemain, à dix heures, Mme Pierrard entrait dans la mansarde de la rue de Seine. Elle surprit la mère et la fille au moment où elles allaient faire un déjeuner à peu près semblable à celui de la veille.

— J'ai beaucoup réfléchi à ce que vous m'avez dit hier, madame, dit Mme Pierrard à la malade. L'air de cette chambre n'est pas salubre, continua-t-elle en appuyant sur les mots avec intention et en souriant. Je vous ai trouvé un autre logement et, si vous le voulez bien, je vais vous y conduire immédiatement. J'ai donné l'ordre qu'on y prépare un petit repas, et je veux me donner le plaisir de déjeuner ce matin avec vous.

Adrienne regarda sa mère avec surprise et ne put s'empêcher de jeter un coup d'œil par la fenêtre ouverte. Ce regard n'échappa point aux deux femmes.

— Vous êtes mille fois bonne, madame, et j'accepte avec reconnaissance.

— Ah ! je suis ravie, fit madame Pierrard. Mademoiselle, faisons vite des paquets de votre linge et de vos effets; une voiture nous attend en bas.

Ce ne fut ni long ni difficile. En moins d'une demi-heure, le garçon de l'hôtel avait descendu quatre petits ballots, et, les trois femmes ayant pris place dans le fiacre, il prit la direction de Passy.

Adrienne n'avait pas adressé une question ; une grande tristesse s'emparait d'elle. Douée d'un esprit subtil et de beaucoup de pénétration, elle comprenait qu'on l'éloignait de la rue de Seine pour la séparer de son ami inconnu et la soustraire à ses recherches ultérieures.

La voiture s'arrêta. Mme Pierrard descendit la première et offrit son bras à la malade, qui l'accepta en tremblant et presque confuse. Elles traversèrent la petite cour, où l'on voyait des lilas prêts à fleurir, et entrèrent dans la maison.

— Est-ce donc ici ? demanda Mme Duverger avec étonnement.

— Mais oui, fit madame Pierrard avec son meilleur sourire. Voici votre chambre, poursuivit-elle en ouvrant une porte. Elle est grande, bien aérée ; vous avez un petit jardin, avec des arbres, des plantes, des massifs ; vous pourrez y descendre aux heures de la journée où le soleil est bon, et bientôt vous aurez recouvré toutes vos forces.

— Je ne comprends plus ! s'écria la veuve.

— A côté de votre chambre, celle de Mlle Adrienne ; entrons-y. Voyez, mademoiselle, comme vous serez bien là, près de ce chiffonnier, pour travailler à vos superbes ouvrages !

La jeune fille ne put répondre que par un mouvement de tête. On voyait, aux soulèvements de sa poitrine, les efforts qu'elle faisait pour ne pas pleurer.

Mme Pierrard les fit entrer ensuite dans un petit salon fort gentiment meublé.

— Un piano ! ne put s'empêcher de s'écrier Adrienne.

— Oui, mademoiselle ; j'ai entendu dire que vous étiez musicienne, et j'espère que tout à l'heure vous me ferez l'amitié de me jouer un morceau.

Cette fois, Adrienne ne put retenir un sanglot.

— Mais qui êtes-vous donc, madame ? demanda la veuve d'une voix étouffée.

— Votre meilleure amie, répondit-elle tout bas. Ici, continua-t-elle en s'adressant à la jeune fille, vous pourrez recevoir les personnes qui viendront vous voir, vos amies de pension, par exemple, et les bonnes sœurs qui vous ont élevée et instruite. Mais je ne veux pas vous fatiguer plus longtemps ; du reste, vous devez avoir faim et l'heure du déjeuner est arrivée.

Elles entrèrent dans la salle à manger.

Mme Pierrard aida la veuve à s'asseoir et fit un signe à Adrienne d'en faire autant. Sur une nappe d'une blancheur éblouissante, on avait mis quatre couverts.

— Nous attendons un quatrième convive, dit madame Pierrard en voyant les yeux de la mère et de la fille fixés sur la table. Mlle Adrienne le connaît un peu, et vous me permettrez de vous le présenter, madame Duverger. C'est un jeune homme. Il est né au Havre, il se nomme Edmond Pierrard : c'est mon fils bien-aimé.

La jeune fille poussa un cri ; une porte venait de s'ouvrir en face d'elle et le jeune homme entrait. Mme Pierrard le prit par la main et, l'amenant devant Mme Duverger :

— Mon fils, madame, dit-elle ; à partir d'aujourd'hui, si vous agréez ma demande, le fiancé de Mlle Adrienne Duverger.

Adrienne, défaillante, s'affaissa sur son siège. Sa mère pleurait à chaudes larmes.

— Non, ce n'est pas possible, disait-elle ; je fais un rêve. Où suis-je?... M. Pierrard, ma fille... non, non, cela n'est pas vrai !

— La famille Pierrard doit beaucoup à

Mme Mazurier, votre mère, reprenait la douce voix de la mère d'Edmond, et nous commençons à acquitter la dette de reconnaissance.

— Et vous voulez que votre fils épouse ma fille ?...

— Puisqu'ils s'aiment ! Tenez, regardez...

Le jeune homme s'était assis à côté d'Adrienne ; il lui avait pris les mains et les caressait doucement en la regardant avec tendresse.

— Mais elle n'a rien, rien !...

— Votre fille et vous n'êtes pas si pauvres que vous le croyez. Notre maison vous doit compte d'une somme prêtée autrefois par Mme Mazurier, votre mère, au père de mon mari. Cela sera réglé par M. Pierrard qui ne sait rien encore de ce qui se passe. Mais Mlle Duverger ne posséderait-elle que ses rares vertus, je serais également heureuse et fière de la nommer ma fille.

Pendant ce temps, le jeune homme racontait à Adrienne émerveillée comment il avait acheté le vieux livre de prières et découvert, dans la couverture, les précieux papiers.

La domestique de Mme Duverger entra pour servir le déjeuner. On se mit à table. Edmond avait pensé à tout. L'installation était complète.

— Et votre robe, madame? demanda Adrienne.

— Je l'avais oubliée, répondit Mme Pierrard en souriant; nous la ferons au Havre.

La jeune fille rougit et baissa les yeux.

X

Les relations d'amitié entre Mme Caillet et Mme Pierrard n'étaient pas rompues ; elles se voyaient journellement. Mais Edmond, malgré la présence de sa mère à Paris, se montrait encore moins empressé ; on ne le voyait presque plus dans la maison du banquier.

Sans que ce dernier s'en doutât, Mme Caillet l'avait fait suivre, et son espion rapporta, un matin, que M. Edmond Pierrard se rendait tous les jours à Passy, et qu'il passait presque tout son temps dans une petite maison où demeurait une jeune fille très jolie. L'habitation avait été louée et meublée par M. Pierrard, et personne n'avait pu lui donner le nom de la demoiselle.

Mme Caillet trouva les renseignements suffisants ; elle savait à quoi s'en tenir ; la conduite du jeune homme lui était expliquée. D'abord, ce fut de la stupeur, puis des cris d'indignation, de colère et de rage. Mme Mazurier fut de l'avis de sa fille, déclara que c'était une abomination, une injure, et cria plus fort qu'elle. On ne pouvait se montrer assez sévère pour un fait aussi scandaleux.

Il y eut immédiatement un conseil de famille, duquel, par convenance, on crut devoir exclure Mlle Ernestine. Mais la jeune fille n'était ni aveugle, ni sotte, et elle avait l'oreille fine, si fine, qu'à travers une cloison elle entendit les graves délibérations du conseil.

Pour commencer, M. Caillet se mit à rire en disant :

— Eh ! morbleu ! il faut bien que jeunesse se passe !

A quoi Mme Caillet répondit d'un ton sec et pincé :

— Quand les hommes ont lâché cela, ils ont tout dit : c'est le passeport de leur impudeur.

— Je prends fait et cause pour Ernestine !

s'écria Mme Mazurier; ce n'est pas un mois, deux mois avant d'épouser une jeune fille qu'on se livre à un pareil dévergondage.

— Péché caché... murmura le banquier.

— Monsieur, interrompit la vieille dame avec emportement, c'est avec de semblables maximes qu'on détruit la famille !

— Si vous ne voyez pas l'injure qui nous est faite à tous, je vous plains, ajouta Mme Caillet.

— Je partage l'opinion de ma mère, dit M. Caillet fils. Edmond est sans excuse à mes yeux.

Enfin, après discussion, il fut décidé que M. Caillet écrirait immédiatement au Havre à M. Pierrard, pour le mettre au courant de la situation, et qu'on ne dirait rien à Mme Pierrard, qui adorait son fils, et sur laquelle on ne croyait pas pouvoir suffisamment compter.

Le jour même on l'attendait à dîner avec son fils ; il fut convenu qu'on redoublerait d'amabilités et de prévenances auprès d'elle, et que, vis-à-vis de M. Edmond, on montrerait une froideur digne, qui lui ferait comprendre la réprobation dont on flétrissait sa conduite.

M. Caillet écrivait dans la soirée à M. Pierrard, et le soir, au dîner, on suivit exactement le programme du conseil de famille. Mlle Ernestine, elle-même, prit une attitude fière et donna à sa physionomie, habituellement si avenante, une sévérité glaciale.

Quand on eut pris le café, la nuit étant belle et tiède, on proposa de descendre dans le jardin. Ernestine s'empara du bras du jeune homme et, l'entraînant sous des marronniers séculaires :

— Venez, monsieur, lui dit-elle ; nous avons à causer ensemble sérieusement.

Au bout d'un instant, jugeant qu'ils s'étaient suffisamment éloignés, en hochant la tête :

— Je sais tout !... fit-elle.

— Que voulez-vous dire? que savez-vous?

— Je sais que vous êtes un homme affreux. Vous ne m'aimez pas, monsieur.

— Oh ! je proteste contre vos paroles ! Je ne vous aime pas !... c'est bien méchant de me dire cela... Jamais frère n'a aimé sa sœur d'une amitié plus sincère que celle que j'ai pour vous.

— Vous ne mentez pas ?

— Vous mentir à vous, si franche et si vraie en toutes choses !...

— Alors, vous avez pour moi l'amitié d'un frère ?

— L'amitié, la tendresse, le dévoue-ment...

— Assez. Et l'autre, comment l'aimez-vous ?

— L'autre ?

— Oui, la demoiselle que vous allez voir tous les jours.

— Quoi ! vous savez...

— Tout, je vous l'ai dit. Allons, allons, répondez.

— Eh bien ! je l'aime autant que vous. Seulement...

— Pas comme une sœur, dites donc cela tout de suite.

— C'est vrai. Vous voyez que je ne mens pas. Après cet aveu, Ernestine, voulez-vous toujours m'épouser ?

— Quant à cela, monsieur, jamais, ja-mais, jamais.

— Et vous allez me détester ?

— Je le devrais, mais je sens là que je ne le pourrai pas.

— Oh! cœur d'or, chère et bonne enfant, comme je vous ai bien jugée!

— Qu'est-ce que vous dites là, monsieur? Je ne suis pas bonne, entendez-vous? je ne veux pas l'être.

— Vous êtes adorable.

— Vous n'avez pas le droit de me faire des compliments, je vous le défends.

— Vous repoussez mon amitié?

— Je n'ai pas dit cela.

— Eh bien, puisque nous restons amis, je vais à l'instant vous donner une preuve irrécusable de mon amitié : je vais vous confier ce que tout le monde, excepté ma mère, ignore encore. Voulez-vous m'écouter?

— Si ce que vous allez me dire ne me plaît pas, je vous prierai de vous taire.

— C'est convenu. Un jour, il y aura bientôt un mois, j'ai rencontré une jeune fille charmante, sage, honnête et bonne comme vous. Comme vous encore, elle a des cheveux noirs superbes et sa figure ressemble un peu à la vôtre.

— Ah!

— Mais vous êtes riche, heureuse, et elle était pauvre, si pauvre et si malheureuse, que si vous eussiez connu ce malheur immérité, votre bon cœur se serait brisé de douleur. Sa mère, qui appartient à une famille opulente, l'a fait élever dans un pensionnat de premier ordre ; elle a reçu une éducation semblable à la vôtre. Cette mère, un modèle de résignation, s'est trouvée sans ressources, par suite de circonstances malheureusement trop communes. Ne pouvant plus payer la pension de sa fille, elle la retira du pensionnat, et, pour vivre, elles travaillèrent ensemble. Un jour, la mère tomba malade ; l'enfant travailla pour deux. Pour payer le médecin et les médicaments, pour que la malade eût son bouillon gras, la nuit, le jour, sans cesse, pendant dix-huit heures chaque jour, la jeune fille tira son aiguille ; et cela dura plusieurs mois. Je vous ennuie peut-être.

— Mais non, mais non... continuez.

— Tout ce qu'elle gagnait, — c'était si peu d'ailleurs, — pourvoyait aux besoins de chaque jour. Une échéance arriva, celle du terme du loyer : on n'avait pas d'argent, on ne put payer. Le propriétaire fit vendre tout ce qu'elles possédaient, les chassa de sa maison et elles se réfugièrent dans une chambre d'hôtel où vous ne voudriez pas loger des pigeons. C'est en ce moment que je rencontrai la jeune fille. En apprenant leur horrible misère, je fus vivement ému...

— Je comprends; l'émotion a gagné le cœur et vous l'avez aimée... autrement qu'une sœur.

— Pas encore.

— Alors, continuez, continuez...

— Certainement, je m'intéressais à elle.

— Parce que vous avez un bon cœur.

— C'était de la sympathie, de la pitié, si vous voulez, ce sentiment qu'on éprouve pour tout être qui souffre.

— Je sens cela.

— Mais un hasard inouï me fit découvrir un secret bien ignoré.

— Un secret?

— J'eus la preuve que la grand'mère de cette jeune fille qui m'intéressait avait autrefois prêté à mon grand-père, à moi, une somme relativement importante, et que cette somme, qui ne fut jamais remboursée, avait probablement sauvé notre maison d'une ruine complète. Comprenez-vous,

Ernestine? j'apprenais cela, et cette pauvre malade, cette pauvre enfant qui se tuait de travail, étaient dans la misère quand mon père a des millions. C'est alors, alors seulement, que l'émotion dont vous parliez il y a un instant a gagné mon cœur !

— Je pleure !... Ah ! c'est vrai, je ne m'en apercevrais pas... Aussi vous me dites des choses... Edmond, quand elle sera votre femme, vous me la ferez connaître.

— Oui, car vous êtes dignes l'une de l'autre, et vous vous aimerez.

— Ah ! les bonnes paroles ! comme cela me fait du bien ! Mais vous ne m'avez pas encore dit son nom ?

— Elle s'appelle Adrienne.

— Adrienne, c'est joli... Adrienne... Edmond.

— J'ai bien encore quelque chose à vous dire ! seulement...

— Mais je veux tout savoir, tout, tout.

— C'est que cela va bien vous surprendre.

— Tant mieux.

— Eh bien, Adrienne est votre cousine.

— Ma cousine ?

— Germaine, puisque sa mère est la sœur de la vôtre.

— C'est vrai, cela ?

— Pourquoi vous tromperais-je ?

— Ainsi, j'ai une tante, une cousine, et je ne le savais pas, et on ne me l'a pas dit ?...

— Les parents ne sont pas obligés de dire tout à leurs enfants.

— Oh ! je trouve cela indigne. Edmond, voulez-vous me donner leur adresse ?

— Je n'ai plus de secret pour vous. Elles demeurent 22, rue Decamps, à Passy.

— Je ne l'oublierai pas, merci. A votre tour, apprenez ceci : Mon père, ma mère, mon frère et ma grand'mère savent tout.

— Je l'ai deviné.

— Mais ils ne connaissent pas le nom.

— J'ai pris mes précautions pour cela.

— Ils croient que vous voyez chaque jour à Passy une... pas une fiancée, et, aujourd'hui même, mon père a dû écrire à M. Pierrard pour l'en informer.

— Je vous remercie de m'avoir prévenu.

— Ne suis-je point votre amie ?

— Oh ! oui, et la meilleure.

— Maintenant, Edmond, mon ami, mon cousin, embrassez-moi... Dépêchez-vous donc... Les voilà sur nos talons, et je ne veux plus vous parler de la soirée.

Il lui mit un baiser sur le front et elle s'envola comme un papillon.

En rentrant chez lui, Edmond écrivit à son père la lettre suivante :

« Mon cher et bon père,

» J'ai appris ce soir que M. Caillet venait de t'écrire pour te parler de moi. J'ignore ce que sa lettre peut contenir ; mais, quoi qu'il te dise, je te demande de ne point juger ma conduite ni tels ou tels faits sans m'avoir entendu.

» Un événement important s'est produit, cher père ; je ne puis plus accepter l'honneur que M. et Mme Caillet voulaient bien me faire de m'admettre dans leur famille. Tu peux le leur faire savoir dès aujourd'hui.

» La santé de maman est excellente.

» Nous t'attendons avec impatience.

» A bientôt les explications.

» Ton bien affectionné fils,

» EDMOND. »

Il était plus de minuit. Pour être bien sûr que sa lettre partirait par le premier train du matin, le jeune homme la porta immédiatement dans une des boîtes de l'administration des postes.

XI

Trois jours après sa lettre à M. Pierrard, M. Caillet reçut un télégramme lui annonçant l'arrivée à Paris de l'armateur.

La dépêche, expédiée quelques minutes avant qu'il se rendît au chemin de fer, ne le précédait que de quelques heures.

— Enfin ! s'écria la vieille Mme Mazurier, je vais donc pouvoir dire tout ce que j'ai sur le cœur à un homme qui a toujours été l'esclave du devoir, inflexible devant les lois de l'honneur.

» Surtout, pas de faiblesse, continua-t-elle en s'adressant à sa fille ; il y a une parole donnée, des engagements pris ; nous devons en réclamer l'exécution d'une façon absolue. Si ma petite-fille ne devenait

pas la femme d'Edmond Pierrard, que
dirait le monde? D'ailleurs, ce mariage
donne satisfaction à toutes nos ambitions,
il faut qu'il s'accomplisse. Tu as remarqué
comme moi l'attitude de Mme Pierrard ;
depuis quelques jours elle est d'une
froideur... Elle est évidemment contre
nous ; c'est indigne. Je l'ai observée avec
attention ; on dirait qu'elle approuve
Edmond, qu'elle est d'accord avec lui.

— C'est vrai, je trouve sa conduite
vis-à-vis de nous inexplicable, répondit
Mme Caillet.

— Il est impossible qu'elle ne sache rien
de ce qui se passe.

— Elle est d'une faiblesse pour son
fils...

— Une telle faiblesse est de la lâcheté !
Et cette comédie qu'elle joue ici ; oh ! c'est
odieux !...

Après cet échange de paroles, la mère et
la fille se mirent à leur toilette, afin d'être
prêtes à recevoir M. Pierrard.

Celui-ci arriva entre dix et onze heures.
Son visage était pâle, fatigué, son front
assombri, soucieux ; il y avait de la tristesse dans son regard, de l'hésitation dans

sa voix, de la contrainte dans ses manières ; on devinait ses préoccupations.

Cela n'échappa point à l'œil observateur et inquiet d'Ernestine.

Mme Caillet avait avancé l'heure du déjeuner avec l'intention d'être agréable à l'armateur. Dès qu'il eut changé de linge et de vêtements, on se mit à table. Le repas fut assez animé, presque gai, parce que M. Caillet, qui aimait à rire, ne voulut point se priver de cet agrément. On parla de finances, ce qui plaît généralement à un banquier, et aussi de commerce — exportation et importation, — pour obliger M. Pierrard à ne pas rester muet. L'armateur déclara qu'il n'avait rien à désirer au point de vue des affaires, des transactions commerciales.

On ne prononça ni le nom de Mme Pierrard ni celui d'Edmond.

La question grave était réservée. On ne pouvait la traiter devant Ernestine.

Après le dessert, la jeune fille se leva sans rien dire, sortit de la salle à manger et rentra dans sa chambre.

On fut enchanté qu'elle eût pris d'elle-même le parti de se retirer.

Du reste, Ernestine pouvait se dispenser d'entendre ce qui allait être dit ; elle le savait d'avance.

Un instant après, toute la famille était en grande conférence dans la chambre de Mme Mazurier.

M. Pierrard écouta avec un étonnement douloureux l'accusation portée par les deux femmes contre son fils.

Il était arrivé à Paris avec des appréhensions ; mais il croyait seulement à une bouderie d'Edmond survenue à la suite de quelque petite querelle entre lui et Ernestine, ou même avec Mme Mazurier, dont il connaissait le caractère altier, l'humeur peu facile. Ce qu'on venait de lui apprendre lui parut excessivement grave ; son front se rembrunit encore.

— Et sa mère est avec lui et elle ne se doute de rien ! fit-il.

— Une mère qui adore son fils se laisse facilement tromper, dit Mme Mazurier. Avec une caresse, M. Edmond lui bouche les yeux. Mais vous êtes prévenu, monsieur Pierrard ; vous savez tout et, si j'avais un avis à vous donner...

— Dites votre pensée, madame.

— Vous agiriez tout de suite et très énergiquement.

— C'est bien mon intention, madame.

— Croyez-le, monsieur Pierrard, ce qui nous préoccupe absolument aujourd'hui, c'est l'intérêt de M. Edmond.

— Oh ! je n'en doute pas... Plus je réfléchis à tout cela, plus je trouve la conduite de mon fils incompréhensible ; c'est inouï, cela confond ma raison.

— Nous n'y pourrions croire nous-mêmes, si nous n'étions pas très exactement renseignés, dit Mme Caillet.

— Mais pour louer et meubler ainsi une maison, il lui a fallu de l'argent.

— Vous n'ignorez pas que M. Edmond a un compte chez moi, dit le banquier.

— Oui, il a capitalisé les gratifications que sa mère et moi lui avons accordées depuis quelques années.

— La somme se montait à environ vingt mille francs.

— Il va bien pour un débutant, dit l'armateur avec un sourire plein d'amertume.

Après un moment de silence, il reprit :

— Le jour même où votre lettre m'est parvenue, j'en recevais également une de mon fils. Je ne crois pas devoir vous en cacher le contenu. L'insensé me charge de vous apprendre qu'il ne peut plus accepter l'honneur — parce qu'il ne s'en trouve plus digne, sans doute — que vous vouliez bien lui faire en lui donnant mademoiselle Ernestine pour femme.

— Oh ! voilà qui dépasse toutes les bornes ! s'écria Mme Mazurier en blêmissant.

— Une telle humiliation à nous ! reprit Mme Caillet d'une voix aigre et plaintive ; notre Ernestine dédaignée !... Ce mépris pour ma fille bien-aimée !...

— Diable, diable, grommela le banquier en se grattant derrière l'oreille, ce qui lui arrivait chaque fois qu'une difficulté surgissait devant lui.

— Moi, dit le jeune Caillet en se haussant sur la pointe des pieds pour faire gagner à sa taille un ou deux centimètres, je considère de semblables paroles comme un outrage fait à notre nom, comme une injure sanglante ! Si M. Edmond Pierrard persistait dans sa résolution, je me verrais forcé de lui demander réparation.

Après avoir lancé ces paroles d'une voix indignée, M. Gustave Caillet sortit de la chambre en proie à une violente agitation.

— Quel gaillard! murmura le banquier émerveillé.

— Mon gendre, répliqua Mme Mazurier, c'est un sang généreux qui coule dans ses veines; vous devez vous enorgueillir de posséder un tel fils.

— Certainement, et c'est ce que je fais souvent, répondit M. Caillet.

— Monsieur Pierrard, interrogea Mme Mazurier, après la demande que vous nous avez faite, pouvez-vous admettre que le mariage de votre fils avec Ernestine puisse être rompu?

— Nullement, madame.

— Pourtant, votre fils...

— C'est un fou, madame.

— Je crois, comme vous, que sa raison est momentanément égarée.

— Il faut bien qu'il ait perdu la tête, puisqu'il ne voit pas le tort immense qu'il peut causer à ma fille, dit Mme Caillet. Si le refus dont elle est l'objet était connu, sa réputation de jeune fille serait gravement compromise. La méchanceté du monde aurait beau jeu; elle serait livrée comme une proie à la calomnie. Quelle joie pour ceux qui nous jalousent, qui nous envient !... Comme nous serions déchirés par ces gens haineux ! Il n'y aurait pas assez de boue dans la rue pour nous la jeter. On n'accuserait pas M. Edmond Pierrard, allez ; on expliquerait sa conduite et son outrage en flétrissant mon enfant. Les méchantes gens ne sont jamais embarrassées ; quand le mal n'existe pas, ils l'inventent. Ils trouveraient à ma fille toutes sortes de défauts qu'elle n'a pas ; l'innocente serait condamnée sans pitié. On nous ferait payer chèrement notre fortune, luxe de notre maison, que beaucoup même, parmi ceux qui se disent nos amis, ne nous pardonnent point.

— Tous ces malheurs ne sont pas à redouter, répondit M. Pierrard avec émotion ; mon fils est simplement égaré ; il n'a pu renier si vite les principes d'honneur dans lesquels sa mère et moi l'avons élevé. Il me suffira de lui parler pour qu'il rentre aussitôt dans la voie du devoir et du bien. Le malheureux a subi un entraînement fatal que je déplore ; mais celui qui a toujours été un fils respectueux et soumis, bon, généreux et dévoué, ne se révoltera point, j'en suis convaincu, contre l'autorité d'un père.

— Mon cher Pierrard, dit le banquier à l'armateur en lui serrant la main, voilà de bonnes et excellentes paroles ; je suis certain que toute cette aventure se terminera gaiement par un bon mariage.

Revenons à Ernestine. La charmante enfant était vive, prompte dans ses décisions, et hardie quand il s'agissait de venir en aide à ceux qu'elle aimait. Une fois seule et libre, elle s'assit près d'une table, traça rapidement quelques lignes sur une feuille de papier, la glissa dans une enveloppe, mit son chapeau le plus coquet, passa sur sa robe une basquine de velours et sortit de la maison sans prévenir personne. Elle se jeta dans le premier coupé qu'elle rencontra et se fit conduire rue de Luxembourg.

— Mme Pierrard est-elle chez elle ? demanda-t-elle à la concierge.

— Oui, mademoiselle.

— Et son fils ?

— M. Pierrard est sorti.

— Mais il peut rentrer d'un moment à l'autre ? Dans tous les cas, cette lettre est pour Mme Pierrard ; veuillez la lui remettre tout de suite ; c'est pressé, très pressé.

Elle remonta dans sa voiture en jetant ces mots au cocher :

— A Passy, rue Decamps, 22.

Edmond était depuis une heure chez Mme Duverger. Ils causaient tous les trois dans le salon, lorsque Mlle Caillet sonna à la porte d'entrée.

— C'est bien ici que demeure Mme Duverger ? demanda-t-elle à la domestique qui vint lui ouvrir.

Celle-ci hésitait à répondre.

— Oh ! soyez sans crainte, reprit la jeune fille, je suis une amie.

— Une amie de mademoiselle ?

— De Mme Duverger et de Mlle Adrienne.

— Alors c'est différent. Quel nom dois-je annoncer à ces dames ?

— Vous direz : une amie qui vient les voir pour des broderies.

La domestique la fit entrer dans la chambre de Mme Duverger et alla prévenir ses maîtresses.

— Mais je n'ai pas d'amie qui connaisse notre adresse ! s'écria Adrienne étonnée.

— N'importe, chère Adrienne, recevez

tout de même cette demoiselle, dit Edmond. Je profiterai de cet instant où je serai privé de votre présence pour écrire une lettre.

Adrienne et sa mère passèrent dans la chambre où les attendait Ernestine.

Celle-ci se leva, et, tout en saluant, elle se disait :

— La voilà ! comme elle est belle !

Adrienne s'arrêta stupéfaite devant cette jeune fille qui lui était complètement inconnue, et qui prétendait être son amie. Mais il y avait tant de bienveillance et de douceur dans son regard, tant de grâce dans son sourire que, tout de suite, elle lui pardonna son innocent mensonge.

— Je comprends votre surprise, mademoiselle, dit Ernestine ; on vous annonce une de vos amies et vous ne me connaissez pas. Pourtant, c'est la vérité, je suis votre amie, et aussi l'amie de madame votre mère. Vous le croyez, n'est-ce pas ?

— Avant vos paroles, mademoiselle, votre bon sourire me l'avait dit, répondit Adrienne.

— Quelqu'un m'a parlé de vous, une personne qui vous aime beaucoup, Mme Pierrard.

La mère et la fille tressaillirent.

— Ah ! vous connaissez Mme Pierrard ?

— Beaucoup, et aussi son fils, M. Edmond Pierrard.

— Et vous venez me voir pour des ouvrages de broderie ?

— Oui : je sais par Mme Pierrard que vous avez infiniment de talent, que ce sont des merveilles qui sortent de vos mains. Je brode aussi, moi, oh ! mais pas comme vous... J'adore les belles choses, ce n'est pas défendu à une jeune fille ! — Je sais, poursuivit-elle avec un fin sourire, que vous allez avoir avec Mme Pierrard du travail pour longtemps ; mais je serais heureuse, oui, bien heureuse, si vous vouliez faire aussi quelques petites choses pour moi et me donner vos conseils. Je vous assure que je ne suis pas maladroite ; quand je veux, je travaille assez bien, mais je veux si rarement... Voyez-vous, si j'étais un peu votre élève, je ferais des prodiges.

— Elle est vraiment charmante, se disait Mme Duverger.

— Eh bien, mademoiselle, puisque vous le désirez si ardemment, je vous promets de faire quelque chose pour vous.

— Et vous me donnerez des leçons?

— Quand vous aurez vu de mon travail, vous jugerez si je dois avoir cette prétention.

— Oh! comme vous êtes bonne! Je comprends que tout le monde vous aime. C'est cela : nous travaillerons ensemble toutes les deux, nous ferons de jolis ouvrages... Mᵐᵉ Pierrard ne dira rien. Vous ne connaissez pas leur maison du Havre ; vous verrez comme c'est beau! un palais... Des fenêtres, on découvre toute la mer, et quand elle est en colère, on entend le flot qui gronde en se brisant contre les falaises de Sainte-Adresse. Le matin, loin, bien loin, sortant de la brume et de l'horizon bleu, on voit apparaître dans un rayon de soleil, et enflées par la brise, les voiles blanches des bricks, des frégates et des corvettes. Comme c'est beau, la mer! Quel tableau! Il est vrai que c'est l'œuvre de Dieu... Aimez-vous la mer, mademoiselle?

— Je ne saurais le dire, répondit Adrienne ; autrefois j'ai traversé la Méditerranée ; mais j'étais si jeune que je n'en ai aucun souvenir.

— Vous n'êtes jamais allée sur une des plages de la Manche?

— Jamais !

— Ah ! tant mieux ! s'écria Ernestine.

Et aussitôt une vive rougeur colora ses joues.

— Quoi ! fit Adrienne en souriant, vous êtes donc bien contente de constater mon ignorance !

— Non, ce n'est pas cela. Voyez-vous, je ne connais rien de plus agréable que de jouir de la surprise et de l'émotion qu'éprouve une personne la première fois qu'on la met en présence du spectacle grandiose de l'Océan. Je pensais au plaisir que près de vous, bientôt, au Havre, aura M. Edmond Pierrard.

Adrienne et Mme Duverger l'examinèrent avec une sorte de surprise mêlée de défiance.

— On sait que je suis très discrète et on a confiance en moi, reprit-elle avec un petit air confidentiel et comme si elle eût deviné la pensée de la mère et de la fille. D'ailleurs, si je ne vous disais pas tout ce que je pense, je ne mériterais point de devenir votre amie. Vous n'êtes pas contrariée d'apprendre que je connais votre secret, n'est-ce pas ?

— Oh ! non, car nous sommes persuadées,

ma mère et moi, que vous êtes digne de la confiance que Mme Pierrard vous a témoignée.

— Vous avez des parents à Paris, des parents riches... Ils vous ont dédaignées, repoussées, méprisées. Comme c'est mal !

» Pendant des années, vous avez été malheureuses, vous viviez de privations, sans amis, sans personne pour vous aimer et vous consoler... Vos parents riches savaient cela et ils ne vous ont pas secourues ! Tombées dans la plus profonde misère, on n'a pas entendu une seule de vos plaintes... Ah! c'est beau d'avoir supporté une telle épreuve avec une pareille résignation ! Connaissez-vous M. Caillet ?

— Non, mademoiselle.

— Ce n'est pas un mauvais homme, mais il est banquier et si occupé, si occupé... toujours dans les affaires jusque par-dessus la tête. Mme Caillet n'est pas non plus une méchante femme : seulement, si faible... elle ne voit que par les yeux et n'entend que par les oreilles de Mme Mazurier, sa mère. Ah! c'est égal, vous devez bien lui en vouloir !

— Non, mademoiselle, répliqua Mme Duverger, nous n'en voulons à personne ; la douleur a occupé tant de place dans nos cœurs qu'il n'y en a jamais eu pour la haine. M. et Mme Caillet, puisque vous les connaissez, auraient pu être meilleurs pour nous, c'est vrai ; mais, comme vous dites, M. Caillet est très occupé, et ma sœur voit beaucoup de monde. Nous leur pardonnons leur indifférence.

— M. Caillet a un fils, reprit Ernestine en accompagnant ses paroles de petits mouvements très drôles ; c'est presque un homme ; il laisse pousser sa moustache et fume déjà des cigares longs comme cela... Cœur excellent et tête folle, un petit monsieur à la mode d'aujourd'hui... Il assiste à toutes les premières représentations, connaît toutes les célébrités parisiennes, et oublie qu'il n'a que seize ans, parce qu'il fréquente des journalistes, qu'il a un cheval et qu'il va seul au bois. On le voit aux courses, et il parle déjà d'avoir une écurie et de faire courir l'année prochaine. N'est-ce pas que cela est très amusant ?

— Je n'y vois rien de mal, répondit Mme Duverger en souriant. M. Caillet est immensément riche, et son fils a le droit, même à seize ans, d'être un jeune homme du monde élégant et distingué. Mais ma sœur a aussi une demoiselle un peu plus âgée que son frère, si je ne me trompe.

— Oh ! que je voudrais la connaître ! fit Adrienne.

— Ce ne sera pas bien difficile.

— Vous êtes sans doute son amie. Comment est-elle ?

— Comme figure, ni bien ni mal ; elle a ainsi que vous de beaux cheveux noirs ; elle est capricieuse, volontaire... pas orgueilleuse, par exemple, ni méchante. Ceux qui la connaissent disent tous qu'elle a bon cœur. Voyons, si vous la rencontriez, que lui diriez-vous ?

— Je ne sais... mais si elle n'était pas trop fière, il me semble que je ne pourrais pas m'empêcher de l'embrasser.

— Et malgré le passé... vous l'aimeriez ?

— Oh ! de tout mon cœur.

Ernestine se leva et s'écria en se jetant dans les bras d'Adrienne :

— Eh bien, aimez-moi tout de suite : c'est moi qui suis votre cousine !

— De tels anges vous enlèvent jusqu'au

souvenir du malheur et des offenses, murmura Mme Duverger.

— Comme il y a de bons instants dans la vie! disait Ernestine.

— La douce émotion, l'heureuse surprise! reprenait Adrienne.

Et un bruit de baisers échangés succéda à ces paroles.

XII

Pendant que les deux jeunes filles se te-
naient enlacées dans une étreinte frater-
nelle, M. Gustave Caillet se présentait à
son tour chez Mme Duverger, et, s'adressant à la domestique, demandait d'une
voix impérieuse à parler immédiatement à
M. Edmond Pierrard.

— Mais, monsieur, répondit-elle, M. Pierrard ne demeure pas ici.

— Soit ! Mais il y est, j'en suis sûr : je
veux le voir, je le verrai.

Il parlait sur un ton si élevé que sa voix
arriva aux oreilles d'Edmond, qui, nous
l'avons dit, était occupé à écrire une lettre.
Il se leva brusquement et courut ouvrir la
porte du salon donnant sur le vestibule.

— Gustave ! s'écria-t-il en reconnaissant

le jeune Caillet, Gustave ici !... Vous avez à me parler?... Venez, je suis tout à vous...

M. Gustave se redressa fièrement, voulant imposer par son attitude, et entra dans le salon, son chapeau sur la tête. La porte se referma derrière eux.

— Mon cher Gustave, asseyez-vous, et dites-moi ce qui vous amène.

— Je reste debout, répondit le jeune Caillet. J'aurais honte de m'asseoir dans cette maison, sur un de ces sièges.

Edmond fronça les sourcils et prit subitement un air froid et sévère.

— Vous devez aussi avoir hâte de vous éloigner, prononça-t-il. Parlez donc vite, je vous écoute.

— M. Pierrard est à Paris.

— Je suis heureux de l'apprendre ; je l'attends depuis plusieurs jours.

— En ma présence, M. Pierrard vient d'annoncer à mon père et à ma mère que vous ne voulez plus épouser ma sœur.

— Dites que je ne puis plus, que je n'ai plus le droit de devenir son mari.

— Quels que soient les mots, la chose est absolument la même pour moi.

— Mon cher ami, je vais...

— Je vous prie, monsieur, de me traiter avec moins de familiarité.

— Eh bien donc, monsieur, reprit Edmond d'un ton légèrement railleur et en s'inclinant, je vais vous expliquer...

— Je n'admets aucune explication.

— Vous êtes bien absolu, monsieur ; je me dispenserai donc de vous les fournir.

— Je viens vous demander si, oui ou non, vous voulez épouser ma sœur ?

— Je vous ai déjà répondu.

— Monsieur, quand un mariage a été convenu, que des paroles ont été échangées, qu'il a été officiellement annoncé, la retraite du futur porte atteinte à la réputation de la jeune fille dédaignée, et la famille doit considérer ce fait comme une insulte.

— Voilà bien de l'exagération.

— Pouvez-vous formuler sur ma sœur et sur sa conduite une accusation quelconque ?

— Mademoiselle Caillet est digne de tout mon respect, et j'ai pour elle une amitié sincère.

— Je puis donc dire avec raison que rien ne justifie votre étrange conduite vis-à-vis de ma famille, monsieur, et, puisque vous persistez dans votre refus, je le considère comme une injure qui m'est personnelle, et je vous en demande réparation.

— Un duel !... entre nous !

— Oui, monsieur ; dès ce soir, j'aurai l'honneur de vous envoyer mes témoins.

— Vous savez bien que nous ne pouvons pas aller ensemble sur le terrain.

— Dites plutôt, monsieur, que vous ne voyez pas en moi un adversaire digne de vous. Avez-vous peur que la vue de votre épée fasse tomber la mienne de mes mains ?

— Je sais que vous avez du cœur. Mais je vous l'ai dit, un duel entre nous est impossible ; il serait ridicule.

— Je n'accepte pas cette fin de non-recevoir ! Est-ce donc vous qui avez peur, monsieur Pierrard ?

— Vous savez bien le contraire. Nous avons fait assez de passes ensemble pour ne pas ignorer que je peux me servir d'une épée.

— Oh ! il y a une différence entre les jeux de l'escrime et un combat sérieux.

— Monsieur Caillet, reprit Edmond, vous voudriez avoir un duel ; je ne chercherai pas à vous faire changer d'idée. Mais vous êtes jeune, impétueux, ardent ; soyez tranquille, attendez un peu ; les occasions de vous battre ne vous manqueront point.

— C'est-à-dire que vous me traitez comme un enfant ! s'écria Gustave.

— Il n'y a pas bien longtemps que vous n'en n'êtes plus un, répliqua Edmond en souriant.

— Mais pour vous forcer à vous battre, vous voulez donc que je vous insulte à mon tour ?

— Je ne vous le permettrai pas. Je vous ferai remarquer aussi que nous sommes ici dans une maison étrangère et que nous l'oublions...

— Oh ! je sais parfaitement où nous sommes.

— Prenez garde de vous tromper, monsieur.

— Nous sommes chez vous et chez votre...

— Gustave, sur votre vie, pas un mot de plus !

— Ah ! ah ! fit le jeune Caillet en ricanant, voilà que vous commencez à vous animer. Pourquoi ne parlerais-je pas, s'il vous plaît ? Serait-ce par respect pour la Juliette dont vous êtes le Roméo ?

Edmond devint très pâle et un éclair jaillit de son regard.

— Taisez-vous, dit-il sourdement.

— C'est là qu'elle se cache, n'est-ce pas, derrière cette porte ? Je veux qu'elle m'entende et qu'elle sache tout le mépris que j'ai pour ses pareilles.

Edmond poussa un cri de colère, saisit Gustave au collet, et, le secouant avec violence :

— Malheureux ! exclama-t-il, tu veux donc que t'écrase sous mes pieds comme une bête malfaisante !

Tout à coup, la porte s'ouvrit et Ernestine parut sur le seuil.

— Que se passe-t-il donc ici ? fit-elle ; pourquoi ces éclats de voix ?

— Ma sœur ici ! s'écria Gustave frappé de stupeur.

— Oui, répondit la jeune fille, je suis ici ; et toi, Gustave, qu'y viens-tu faire ? Tu viens y apporter le trouble et l'injure !... C'est moi qui étais derrière cette porte, et qui t'ai entendu... Oh ! Gustave, je ne te croyais pas méchant !... Edmond, vous lui pardonnerez, n'est-ce pas ?

— Les causes que vous défendez sont

gagnées d'avance, répondit le jeune homme.

Mme Duverger et Adrienne entrèrent à leur tour dans le salon.

— Maintenant, Gustave, reprit Ernestine, demande pardon à ta tante et à ta cousine.

— Ma tante, ma cousine... Ah! je comprends ; ce que j'ai fait est bien mal!

Il s'approcha, en tremblant et en baissant la tête, de Mme Duverger et d'Adrienne, et humblement :

— Ma tante, ma cousine, dit-il, je vous demande pardon.

A ce moment, l'autre porte du salon s'ouvrit brusquement, et l'armateur entra. A la vue du groupe ravissant formé par Mme Duverger et les deux jeunes filles enlacées, il s'arrêta stupéfié. Il n'avait pas encore eu le temps de se remettre, lorsque Mme Pierrard, prévenue par le billet d'Ernestine, arriva à son tour.

— Mon ami, dit-elle à son mari, voici une lettre de ta mère. Lis.

— D'après ces documents, dont je reconnais la valeur, dit M. Pierrard, une somme de soixante mille francs, prêtée à mon père

Mazurier a pu sauver l'honneur [de] notre famille. Ce capital n'a jamais été [rem]boursé, mais les intérêts ont été payés.

— Par la Banque de France, mon père, [dit] Edmond. Mais il y a mieux encore.

— C'est vrai, suivant la lettre de ma [tante] cette somme devait avoir une part [d'asso]ciation dans notre maison. Je dois la [moitié] de ma fortune aux héritiers de [M.] Mazurier.

— Ces héritiers, mon ami, les voilà, dit [M.] Pierrard. Je te présente Mme Duverger [et sa fille] Mlle Adrienne, bientôt la nôtre [si tu] donnes ton consentement à cette [union].

— Je ne comprends rien encore à tout [cela], mais puisque vous êtes tous heureux, [je veux] l'être avec vous.

— Mon ami, reprit Mme Pierrard, tu paye[ras notre] dette d'argent ; Edmond acquitte [celle de la] reconnaissance.

FIN

TABLE

ÉMILE COLIN — IMPRIMERIE DE LAGNY

AVIS DE L'ÉDITEUR

Le but de la collection des *Auteurs célèbres*, à **60 centimes** le volume, est de mettre entre toutes les mains de bonnes éditions des meilleurs écrivains modernes et contemporains.

Sous un format commode et pouvant en même temps tenir une belle place dans toute bibliothèque, il paraît chaque quinzaine un volume.

CHAQUE OUVRAGE EST COMPLET EN UN VOLUME

POUR LES N°s 1 A 325, DEMANDER LE CATALOGUE SPÉCIAL

326. TOPFFER (R.), **La Bibliothèque de mon Oncle.**
327. TOPFFER (R.), **Nouvelles Genevoises.**
328. CORDAY (MICHEL), **Misères secrètes.**
329. CIM (ALBERT), **Les Amours d'un Provincial.**
330. RICHEBOURG (ÉMILE), **Le Portrait de Berthe.**
331. DURIEU (LOUIS), **Le Pion.**
332. DAUDET (ERNEST), **Les Douze Danseuses du Château de Lamole.**
333. NERVAL (GÉRARD DE), **Aurélia.**
334. MAËL (PIERRE), **Le Roman de Joël.**
335. SIEBECKER (ÉDOUARD), **Récits Héroïques.**
336. SCHOLL (AURÉLIEN), **L'Amour d'une Morte.**
337. DOSTOÏEWSKY, **Les Précoces.**
338. HÉGÉSIPPE MOREAU, **Le Myosotis.**
339. AUTEURS CÉLÈBRES, **Chroniques et Contes.**
340. GARCHINE, **La Guerre.**
341. MAURICE VAUCAIRE, **Le Danger d'être aimé.**
342. ERNEST DAUDET, **Le prince Pogoutzine.**
343. JEAN DRAULT, **Les Aventures de Bécasseau.**
344. P. CASTANIER, **Le Roman d'un amoureux.**
345. HENRY LAPAUZE, **De Paris au Volga** (couronné).
346. LOUIS BARRON, **Paris étrange.**
347. CORA PEARL, **Mémoires.**
348. GYP, **Dans le train.**
349. HABERT DE GINESTET, **Souvenirs d'un p** guerre en Allemagne.
350. VOLTAIRE, **L'Ingénu.**

En jolie reliure spéciale à la collection, 1 fr. le

(ENVOI FRANCO CONTRE MANDAT OU TIMB

PARIS. — IMPRIMERIE E. FLAMMARION, RUE RACINE, 26.

www.ingramcontent.com/pod-product-compliance
Ingram Content Group UK Ltd.
Pitfield, Milton Keynes, MK11 3LW, UK
UKHW022331090726
13658UKWH00001B/203